「学校」を生きる人々の ナラティヴ

山本智子 [編著]
YAMAMOTO Tomoko

子どもと教師・スクールカウンセラー・保護者の心のずれ

ミネルヴァ書房

はじめに

　子どもや教師にとって「学校」とはどのような場所なのでしょうか。私たちは就学する年齢になれば，当たり前のように「学校」と関係を結んでいきます。高校に進学する子どももいれば，そうでない子どももいますが，少なくとも小学校に入学してから中学校卒業までの9年間の大半の時間を子どもは「学校」という場所で過ごさなければなりません。その間に不登校やいじめ，非行や心身症などの不適応を示す子どもも少なくはないでしょう。教師も「学校」という大きな構造の中で自分の役割がどこにあるのかと悩んだり，一番大切にしたい子どもや，子どもの保護者との関係に疲弊し休職に追い込まれることもあります。

　学校には，様々な立場・視点があり，それぞれの声（物語）があります。子ども，教師，保護者やスクールカウンセラーなど，学校には多様な声（物語）が存在しているのですが，なかなかそれが聴こえてきません。

　私は現在，大学で教職課程を履修している学生を教えています。私が教えている科目の中の「教育相談」を履修している学生（2016年度後期）に本書の趣旨を説明し記述式のアンケートに協力してもらいました。アンケートの問いは二つです。一つは，自分が生徒だったときの「理想の先生」とはどのような教師だったか，次に，自分が教師になったときに考える「理想の生徒」とはどのような子どもか，を問いとしました。その結果，まず学生たちが驚いたのは，これらの二つの質問に対する自分自身の矛盾した思いでした。自分たちが立つ立場や視点によってそれぞれの理想とする像が大きく異なっていることに気づいたのです。アンケート結果の一部を抜粋して表0-1にあげておきますので参考にしてください。

　このアンケートをとった後，すでに教師として採用されて2年目になる元学生に話を聴く機会がありました。彼はこう語りました。

たしかに，学生のころはまだ生徒に近いから，自分が生徒だったころの理想の教師像に近づこうと考えていたのですが，実際に教育現場に入ったら，もう如何に「学校の制度に生徒を乗せていくか」しか考えていない自分がいて，その矛盾に気づいて驚いたり罪悪感を覚えたりすることもあります。でも，学校ってこれから社会に出て行く生徒をどうやって教育指導していくかが問われている場所だし，僕たち教師もそれを期待され方向付けようとするし，仕方がないといえば仕方がないことなのですが。

　彼が語る矛盾とはこういうことでした。たとえば，自分が生徒だった時代には学ラン（学生服）の第一ボタンをはめると苦しいのではずしていたそうです。そして，それを何度も注意する先生に対して「細かいことでぐちぐち言いやがって」「もっと大事なことがあるやろ」などと疎ましく思っていたのが，いざ自分が教師になると当たり前のように「規則を守れ」「第一ボタンまで留めろ」と声を掛けている自分がいるということでした。
　教育指導する者とされる者。立場や視点が違うのですから当たり前といえば当たり前なのですが，私たちは自分たちが立つ場所やものごとを捉える視点の違いによって自分たちの他者への思いやかかわりが180度異なることがあるのをどれほど意識できているでしょうか。こうした立場や視点の違いによって生じたずれが，教師や子どもの生きている世界にどのような影響を与えているのでしょうか。
　本書では，教えるもの・教えられるもの，育てるもの・育てられるものがそれぞれに語る「学校のナラティヴ」を聴くことによって，私たちが自明だと考えている認識を捉えなおすことができたら，少し異なる視点から「学校」がみえてくるのではないかと思っています。
　本書は二部に分かれています。第Ⅰ部では，学校そのものがもつ意味について事例をあげながら問い直します。第1章では，学校で不適応を起こしていた子どもへの縦断的な聴き取りを通して，子どもの成長や支える他者の存在が彼らの物語をどのように導いたのかについて，子どもの視点に立ち紹介します。

第2章は，学校の中で発達障害がある子どもはどのように生きているのか，その子どもに教師はどのようにかかわっていけばよいのかを考察し，「発達障害」をめぐる物語を紹介し，本来生じさせてはいけない「二次障害」の捉え方や対応について示唆しています。第3章は，学校という大きな組織の中で，スクールカウンセラーや実習生（教師以外の立場）から見た学校の物語と今後考えていかなければならない課題について述べています。第4章は，教育哲学の視点から，学校がどのような場所であるかを，歴史的に概観するとともに，そこで生きる子どもたちが，学校をどのように意味づけているのかを考察しています。

　第Ⅱ部は，かつて生徒だった人と教師あるいはスクールカウンセラーが当時の出来事やかかわりを振り返り語る「時間や空間を超えた声（物語）」を紹介します。教師と元生徒にとって忘れられない出来事や当時の思いについて，時間や空間を超えてそれぞれがふたたび出会い語り直す試みです。対話形式で紹介しています。第5章は，「何でオレばっかり！」。先生に叱られたとき，こう言う生徒は多いと思います。こう訴えた山田さんの話を卒業して8年後に語り合うことで，当時のそう言わざるを得なかった状況を振り返っています。第6章は，小学校時代に取り組んだソーシャルスキルトレーニングが今の就労に結び付いた経験について，発達に課題がある元生徒と教師との間の将来に向けての取り組みの中で，それぞれの心の中に生じていた思いについて語り直しています。第7章では，スクールカウンセラーとして出会った子どもとの関係の中で，スクールカウンセラーが感じた当時の思い，当事者である元生徒にとっての長期不登校とそこから脱した経験について語られています。第8章では，人間関係に困難をかかえ生きる意味を探し続けた元生徒と教師との20年近くにわたる関係の中で，苦しかった当時が振り返られ，語り直されています。終章では，第Ⅱ部のそれぞれの対話に対してのコメントと，学校におけるナラティヴを聴くことの意味とそのあり方についての新たな視点を提示しています。

　本書では，子どもや教師の声（物語）の真偽を問うたり，価値観を付与したりすることなく一つひとつの小さな声を聴くことを目的としています。それらの声を聴くことは，学校の普遍的な，あるいは一般的な物語を聴くことではあ

りません。しかし、そこで実際に生きてきた子どもや先生の声であり、また、そのときの子どもや先生の視点から捉えた物語ではありますが、その小さな声が、今、苦しんでいる子どもや先生へのエールになることを願っています。

表0-1 記述式アンケート結果（一部抜粋：近畿大学2016年度後期「教育相談」において）

自分が生徒だったときの「理想の教師像」	自分が教師になったときの「理想の生徒像」
・自分が言いたいことをしっかりと生徒に伝えることができる先生。すれ違ってしまう生徒もいると思うので、いろいろな言い方や視点を変えた物言いで上手く伝える先生。 ・授業中に急に当ててこない先生。 ・相談にのってくれる先生。 ・生徒との間に壁を作らない先生。 ・親しみがあって、嘘を言わない先生。 ・生徒が卒業しても、いつまでも覚えていてくれる先生。 ・先生というよりも友達のような先生。 ・テストの点数などの具体的な数字で生徒を評価するのではなく、生徒自身をしっかりと見て評価してくれる先生。 ・みんなに平等に接してくれる先生。 ・信頼できる先生。勉強も分かりやすく教えてくれる。 ・多様性を認めてくれる先生。日本の学校は均一性が求められ、自由もあまりなく、自分自身が息苦しかった経験からそう思う。 ・スカートの長さがどうとか、髪の長さがどうとかといったくだらない校則に縛られない先生。 ・分かりやすい教え方をしてくれる先生。 ・制服の決まりに対して厳しくなくて、生徒の意思を尊重してくれる先生。 ・勉強が苦手な生徒には補習を積極的にしてくれる先生。 ・卒業時に生徒に夢や希望を与えることができる先生。 ・教員同士の協力やつながりを大切にする先生。	・素直な生徒。教師は基本的に生徒に益があるように考えているので、先生が間違っていない限り聴く耳をもっている生徒。 ・教師の言うことを聞いてくれる生徒。 ・自主的に行動する生徒。 ・挨拶をきちんとできる生徒。「ごめん」「ありがとう」が人との関係作りに繋がると思う。 ・校則を守れる生徒。学級崩壊を招かない生徒。 ・教師が言ったことを素直に聞いてくれる生徒。 ・提出期限を守ってくれる生徒。暴力や暴言のない生徒。 ・何事にも関心をもって取り組むことができる生徒。 ・教師から怒られたときはきちんと反省し、何が悪かったのかをきちんと考えられる生徒。 ・友達を大切にし、クラス全体を一体とするような子ども。個性の異なる子どもを仲間はずれにしないような広い心をもった生徒。 ・「やるときはやる生徒」。ルールはある程度守ること。向上心をもって何事にも取り組む姿勢のある生徒。 ・きまりを守り、いつも笑いの絶えない学級にしようとする生徒。 ・いじめや不登校をせず、学校を嫌いだと思わない生徒。 ・授業がしやすい雰囲気を作ってくれる生徒。私語をせず教師の話をしっかりと聞く生徒。 ・活気があり、学習、部活あらゆる面において一生懸命取り組むことができる生徒。 ・クラスの誰とでも仲良くでき、勉強も自分から学ぼうとする姿勢のある生徒。

- 廊下ですれ違ったときなどに話しかけてくれる先生。
- 生徒一人ひとりに細かいケアが行き届いている先生。そのため，事が大きくなる前に未然に防ぐことが出来る先生。
- 生徒とともに成長していくことができる教師。
- 自分で勉強したいことを認めてくれ，助言をしてくれる先生。
- いじめられていたら，すぐに気づいて対処してくれる優しい先生。
- ちょっと髪型をくずしたくらいで，学校のルールに縛られ，生徒をすぐに叱責しない先生。
- グループ分けのときに，ひとりでぽつんとしている生徒に気づき，さりげなくフォローできる先生。
- あまり，宿題を出さない先生。こなせない量を出されると勉強意欲が下がる。
- 黙っている生徒がよく発言する生徒と同じ意見ではないことに気づいていてくれる先生。
- 気に入った生徒にだけ肩入れしない先生。自分自身が生徒一人ひとりにとって唯一のかけがえのない「教師」という存在である自覚をもっている先生。
- 学校のルールや活動を自分だけで決めるのではなく生徒も主体的に参加することを許してくれる先生。
- 「こうあるべし」が無い先生。自分の経験から決め付けない。

- 学校といえども，結局は社会の縮図であることをきちんと理解し，その中で，社会関係を構築し，競争し，ルールを遵守していかなくてはならない。「楽しい学校」というイメージだけではなく，こうした社会的な側面も十分理解している生徒。
- 暴力や犯罪で警察のお世話になるようなことのない生徒。
- 学ぶことの意義や意味を自分にとって有益なことだと考えることができる生徒。
- 問題を起こさない生徒。定時で帰ることができなくなるから。
- 授業中，自分の話を真剣に聞いてくれる生徒。
- 今，自分が何をしなくてはいけないのかをしっかりと分かっていて，そのために全力を尽くす生徒。
- 予習，復習，宿題，テスト勉強に真剣に取り組む生徒。
- クラス全員が仲良く，本音で話し合うことができ，居心地がよく毎日学校に来たいとみんなが思っていること。
- 文武両道に優れた生徒。部活動も学習も楽しく取り組むことができる生徒。
- 他の生徒をからかったりいじめたりすることがなく，またそういった場面に遭遇したときには勇気をもって阻止することができる生徒。

目　次

はじめに

第Ⅰ部　学校の多様なナラティヴ

第1章　子どもが語り直す物語——子どもから「大人」への変容
　　　　　　　　　　　　　　　　　　　　　　　　　　　山本智子… *3*

1　「育てられる者」から「育てる者」への語り直し……………………*3*
　（1）「ろくなもんにはならん」と語った少年 …… *3*
　（2）「俺，大人になったんやで」…… *5*

2　思春期・青年期の子ども…………………………………………………*6*

3　語り直される物語…………………………………………………………*8*
　（1）15歳のとき …… *10*
　（2）20歳のとき …… *15*
　（3）25歳のとき …… *17*

4　語り直されない物語……………………………………………………*22*

5　子どもの物語を支えるために…………………………………………*26*

第2章　発達障害のある子どもにどうかかわるか
　　　　——「気になる行動」を理解する……………伊丹昌一… *29*

1　発達障害のある子どもの学校での生活………………………………*29*
　（1）学校生活において気になる子どもたち …… *29*
　（2）子どもの困難への気づき …… *30*
　（3）気づきからの支援 …… *31*
　（4）褒めるだけで子どもは育つのか …… *32*

（5）気になる行動の本当の意味を知る …… 33

　2　発達障害とは ………………………………………………………………… 37
　　（1）障害の概念 …… 37
　　（2）一次症状としての発達障害特性 …… 38
　　（3）発達障害特性に起因する二次症状 …… 38
　　（4）発達障害と間違われやすい反応性愛着障害 …… 39

　3　発達障害のある子どもの保護者への支援 ………………………………… 41
　　（1）先生に求められる保護者支援の視点 …… 41
　　（2）プラスの環境を作るための保護者と教師の連携 …… 41

　4　支援の実際――授業中に先生に反抗的な態度をとる小学校6年生の翔太くん
　　の事例 ………………………………………………………………………… 42
　　（1）翔太くんが反抗的な態度をとるようになるまで …… 42
　　（2）翔太くんの行動の意味と対応 …… 43

第3章　スクールカウンセラーから見た「学校」
――見えにくいドミナント・ストーリー……**廣瀬幸市**… 49

　1　複雑化する学校現場 ………………………………………………………… 49

　2　スクールカウンセラー養成の現場で ……………………………………… 50
　　（1）学校臨床実習で見えてきたこと …… 50
　　（2）発達障害の見立てをめぐって …… 51
　　（3）教師の文化風土 …… 52
　　（4）学校と地域 …… 53
　　（5）多義性の中で …… 53

　3　現代の学校を取り巻く複雑な事情 ………………………………………… 54
　　（1）いじめに関する説明モデル …… 55
　　（2）群生秩序のメカニズム …… 56
　　（3）いじめの構造 …… 58
　　（4）子どもとソーシャル・メディア …… 59
　　（5）文化土壌としての市民社会 …… 59
　　（6）学校イベントと人々の意識 …… 60

4 スクールカウンセラーの立場から……………………………………*62*
 （1）スクールカウンセラー事業 …… *62*
 （2）「周縁人」としてのスクールカウンセラー …… *63*
 （3）教師から見たスクールカウンセラー …… *64*

5 学校におけるナラティヴとは……………………………………………*66*
 （1）教育は誰のものか …… *66*
 （2）原理と実践の往還 …… *67*
 （3）寄り添い聴いていくこと …… *68*

6 目指すべき共通の方向性…………………………………………………*69*

第 4 章　「学校」とはどのような場所か
　　　　――歴史を手がかりに考える ………………光田尚美… *73*

1 「学校」を考えるとは……………………………………………………*73*

2 古代・中世の学校…………………………………………………………*74*
 （1）社会や国家にとって有益な人材を育成する学校 …… *74*
 （2）人間としての生き方を考える学校 …… *75*
 （3）民衆教化と聖職者の養成によって庶民の品行を修養する学校 …… *76*
 （4）新しい時代の到来と学校の変容 …… *77*

3 近代の学校…………………………………………………………………*78*
 （1）近代教育思想の中の学校 …… *78*
 （2）公教育の理念 …… *79*
 （3）労働者の子どもの教育 …… *80*
 （4）公教育制度としての学校 …… *80*

4 新教育運動の中の学校……………………………………………………*82*
 （1）新学校の創設 …… *82*
 （2）進歩主義教育運動とデューイの学校教育改革 …… *83*

5 学校を見つめる……………………………………………………………*84*
 （1）ポスト・モダンと学校批判 …… *84*
 （2）学校批判の系譜 …… *85*

6 「語り」が紡ぎ出す学校の意味…………………………………………*87*

（1）圭くんとの出会い …… 87
　　　（2）圭くんの学校生活 …… 88
　　　（3）学校への想い …… 90
　7　「学校」という物語……………………………………… 92

　　　　　第Ⅱ部　元生徒と教師・スクールカウンセラーの対話

第Ⅱ部のはじめに（山本智子）

第5章　「何でオレばっかり！」——学校になかった大切なもの
……………………………… 吉川武憲先生・山田哲徳さん… 99

　「よう来てくれたの」…… 104
　「何でオレばっかり」…… 104
　人間，見た目だけじゃないやん …… 105
　少年院は楽しかった …… 106
　お前が悪いとはいっさい言わん …… 107
　全部を褒めてくれるし怒ってもくれる …… 109
　少年院では勉強しようと思った …… 110
　ひっかかる言葉 …… 111
　聞き方・言い方の違い …… 111
　その車がものすごく光ってみえる …… 113

第6章　「あそこで変われてなかったら，今ごろどうなってたかな」——通級指導教室での体験のもつ意味
……………………………… 芳倉優富子先生・高中伸介さん… 119

　今の仕事 …… 123
　小学校と通級指導教室 …… 124
　野球の話が好き …… 125
　手を出す先生 …… 125
　「こいつ，どうなんや」…… 126

目次

先生の思い …… *128*
通級指導教室に通い始めたとき …… *128*
人との距離が縮まっていく …… *129*
みんないい人 …… *131*
周りに当たらないように …… *133*
会社のうっとうしい人 …… *134*
芳倉先生だったから行った …… *134*
わかってくれる人が必ずいる …… *136*
「絶対，ああいう自分には戻りたくない」…… *137*
支援級（特別支援学級）に入ったことについて …… *139*
ちゃんとした大人になれている …… *141*
「よく考えている子だな」…… *142*
「俺らしいな」…… *144*
今だったら絶対にしない …… *145*

第7章　「めっちゃ言ってくる先生」との出会い
——不登校・自傷行為から脱するまで
………………………………………森下文先生・河合美穂さん… *147*

他のカウンセラーとは全然ちがう先生 …… *152*
「ほっておけへん」…… *153*
お父さんが残した大量の写真 …… *155*
いろんなことを思い出した …… *157*
登校とリストカット …… *158*
おばあちゃん …… *159*
留年と休学 …… *160*
門衛のおじさん …… *162*
お父さんのお墓に行く …… *165*
「普通」の進路にこだわる …… *166*
「めっちゃ言ってくる」先生 …… *169*
祖母の死と気持ちの変化 …… *170*
先生のところに来て補充する …… *172*
カウンセラーになりたい …… *173*

出会い …… 173

第 8 章　「これはちょっと逃げられないな」
　　　　　——元担任と元生徒の20年近くのつながり
　　　　　…………………………………川畑惠子先生・さやかさん… 181
　　まっとうに生きてくれているだろうか …… 188
　　父と母の関係 …… 189
　　自分がいない方が世の中は丸く回る …… 190
　　進学と父に対する責任 …… 191
　　人を信用できない子？ …… 192
　　人間関係の難しさ …… 193
　　これはもう逃げられない …… 194
　　この子らしい生き方をしてほしい …… 195
　　他の子どもと比較される …… 196
　　同窓会 …… 198
　　大学に行く …… 200
　　共通のものを感じる …… 201
　　教師は見返りを求めない …… 202
　　絶対いつか死ぬから …… 202
　　死ぬときには全部プラマイ・ゼロに …… 205

終　章　学校でナラティヴを活かす………………………森岡正芳… 209
　1　学校でなぜナラティヴが必要なのか………………………………209
　2　学校での出来事を語る……………………………………………211
　　（1）学校という環境 …… 211
　　（2）その人の人生に参加する …… 212
　　（3）体験を伝える言葉 …… 213
　3　第Ⅱ部の対話より…………………………………………………214
　　（1）ちゃんと自分のことを考える時間 …… 214
　　（2）この先生なら話せる …… 215
　　（3）オレの言葉を信じてくれる …… 216

（4）「中学2年生の私」が動き出す …… *218*
4　学校のナラティヴ………………………………………………………………*219*
　　（1）大きな物語と小さな物語 …… *219*
　　（2）学校のドミナント・ストーリー …… *220*
　　（3）物語が作る活き活き感 …… *221*
　　（4）意味づけを支える「私」の回復 …… *222*
　　（5）大きな物語と小さな物語が交差し合うところ …… *223*
5　伝えつなぐ力……………………………………………………………………*224*

おわりに

第Ⅰ部

学校の多様なナラティヴ

第1章 子どもが語り直す物語
―― 子どもから「大人」への変容

山本 智子

1 「育てられる者」から「育てる者」への変容と語り直し

(1)「ろくなもんにはならん」と語った少年

　私には忘れられない一人の子どもがいます。あるイベントを通してその子どもに出逢いました。中学1年生になったばかりの彼は，私の顔を見るなり，「俺な，将来，ろくなもんにはならん。やくざやろ」と言いました。私は半ば冗談のように「そんな可愛い顔をして，やくざは無理やね」と返すとうれしそうな顔をして笑いました。しかし，彼の言葉から，彼が学校や地域で受けている扱いがどのようなものであるのかが，容易に想像がつきました。たかだか13歳の子どもが，周囲の評価や感情を受け取って，自分自身の将来に「やくざ」というビジョンしか持てない状況に胸が押しつぶされるような思いがしたのです。

　彼を仮に弘くんと呼びます。弘くんの母親は朝早くから夜遅くまで働き，一人で彼と彼の弟を懸命に育てていました。そんな母親の大変さは十分理解していたとは思いますが，やはり寂しい思いを抱えていたのでしょう。やがて彼の弟は，学校には行かなくなり，日中はゲームをして過ごしていたようです。

　弘くんは地元の「不良」[1]と言われる仲間とつねに一緒でした。学校にはほとんど行っていませんでした。彼によると「学校に行く意味がわからない」ということでした。今から振り返ると，夜中，仲間とあちこちで遊んでいるため，日中は寝ていることが多く，朝起きることができないため学校には行けなかっ

たのだと思います。悪いこともしていました。喧嘩や暴走行為で警察に捕まることもありました。「そのたびに母親に泣かれて困る」と言っていました。そう言いながらも相変わらず他校の生徒と喧嘩を繰り返し，暴走行為で警察に何度も捕まり，ついに鑑別所に入ることになりました。最後に逮捕されたその日，警察に呼び出された母親は，手錠を掛けられ，腰を縄で繋がれた彼の姿を見たとき，泣き崩れ，彼の頬を打ったと言います。彼はそのときほど辛いことはなかったと語っていました。なぜ，弘くんの反社会的な行動が収まらなかったのか。当時，もろもろの事情から彼と密にかかわれなかった私は自分の不甲斐なさへの怒りと悔しさの中でいろいろ考えました。

　弘くんの「反社会的」と考えられる行動は，はじめは「学校のルールに従わない」「教師の指示に従わない」「教師に反抗する」など学校内で生じていました。そして，その学校内で，教師や周囲の仲間から「不良少年」というラベルが貼られたようです。一人親家庭や弟の不登校など彼のバックグラウンドのあり方が，教師たちの弘くんに対するラベルをより強固なものとし，はがれにくいものにしていったように思います。ベッカーやレマートのラベリング理論では，ある人の行為が逸脱であるかどうかについては，その行為の性質というよりもむしろ，その行為に対して他者がどう反応するかによって判断されることがあると言います。つまり，ある人に貼られた否定的なラベルは，たとえその人に優れた別の一面があったとしてもそれを背面においやり，否定的なラベルをもとに彼に接し，扱うことによって，彼自身がそれを内面化し，ラベルを貼られた否定的な面を自ら強調していくことに繋がるのです（Becker, 1963; Lemert, 2012）。

（1）　私自身はどんな状態を示す子どもに対しても「不良」という言葉を使うことはありません。もし，誰かが，子どものある状態を表現するために使いたいと思うならば，「そのときに」あるいは「その時点で」などと時を限定しながら，「逸脱行動が見られる」「反社会的な行動がある」などの言葉を用いる方がその状態を説明しやすいと思います。そして，その子どもの全ての人格や人生を予測するような文脈で使ってはいけないと思っています。なぜならば，そう呼ばれた子どもが「不良」という言葉をどう受け取るかを想像せずに，子どもの未来をその言葉によって損なってはならないと思うからです。

しかし，そのラベルを貼る側のあり方は議論されることはあまりありません。ある規範から排除される行動様式をもつ人々への否定的なラベリングは，貼る側にとって何かの目的がある場合があります。何が逸脱行為であるのか，何が反社会的行動と言われるのかは，その人々が所属している集団によって異なりますが，学校においては，学校のルールに従えず，集団の和を乱したり，教師の手に負えないような行為が，その対象となるのではないでしょうか。社会学の視点から見れば，「あんな子どもだから」とラベルを貼ることによって教師の責任を何かに転じてしまったり，ある子どもにスケープゴートの役割を担わすことによって他の生徒を統制しようとしているのではないかと考えることもあります。

　いずれにしろ，「俺な，将来，ろくなもんにはならん。やくざやろ」という言葉は，弘くん自身の言葉として私に語られましたが，それはかつて彼の教師から向けられた言葉だったそうです。教師の子どもに対する言葉かけや扱いは，子ども自身の生き方を左右することがあります。自分で自分をどう感じ，どう考えるかは，子どもが自分自身の物語を作り上げていく過程に大きな影響を与えるものです。

（2）「俺，大人になったんやで」

　弘くんは中学を卒業後，高校に進学したものの，結局中退しました。中退してからは仕事が定まらず，いろいろな仕事を転々としたと聞きました。しばらく，彼の消息はわからなかったのですが，ある日，偶然訪れた街で25歳になった彼に会いました。外仕事で陽に焼けた顔で「俺な，大人になったんやで」と私に話しかけてくれました。「どんな大人になったの？」と聞くと

> この間，万引きしようとしてる中学生を見てしまって。どうしようかなあ……，ほっておこうかなあて考えたんやけど，「あかん，今言うとかなあかん」と思って「何してるんや」「しっかりせい」「親，泣かすな」て，久々に怒鳴りまくってやった。

私は彼の話を聴いてとても嬉しくなりました。「立派な大人になったじゃない。これからは育てる方やね」という私にしっかり頷いてみせた彼の顔を見て，私の知らない苦労もたくさんあっただろうに，それを乗り越え，一生懸命頑張ってきたことがわかりました。保護司をはじめ，鑑別所の先生，仕事の親方などいろいろな人との出会いや，どんなことがあっても弘くんを信じていた母親の存在が，諦めることなくつねに彼を傍らから支え，彼自身の成長を促し，立派な大人に育ててきたのだと思います。そこから再び彼との付き合いがはじまりました。本稿で事例を紹介することも「それが今の子どもたちに役に立つのであれば」と許してくれました。

　個人にとっての「重要な他者」は，環境の変化や年齢により変わっていきます。彼のように，一度貼られた「不良」というラベルは剝がしにくいものだったとは思いますが，彼を好意的に受容し，理解しようとした他者が，「ろくなもんにはならん」という彼の物語を「次の世代を育てるもの（大人）」へと語り直させたのだと思います。

　人は心身の発達とともに大人になっていきます。しかし，本当の意味での「大人」になるためには，その子どもの物語を傍らから支える他者の存在が必要です。私が思う本当の「大人」とは，自分の足で立ち，自分の意思で人生を切り開き，その人生に責任をもつ人々のことです。そして，子どもをそんな大人に育てることが，すでに大人になっているはずであろう私たちの責任でもあると考えています。

2 思春期・青年期の子ども

　本章で紹介する子どもは，発達段階の中で「大人への過渡期」と表現されるような，児童期の安定した世界を崩し，大人の世界に移行しようとする思春期・青年期の危機的状態の時期を生きてきた子どもです。

　思春期・青年期というのは，親との対立，葛藤を繰り返す時期だと言われています。それは，親にまだまだ依存したい思いと親の束縛から離れ自立したい

という思いとの葛藤に悩む時期ということも言えます。「自分はもう子どもではない」「大人なのだ」という思いをもち始める時期には，大人の束縛からのがれ，それまでのような被保護，服従，依存の関係を解き放とうとし，大人と対等な権利を主張し，自主的・主体的な人間関係を築こうとするのです（山下，1975）。しかし，乳幼児期からの親子関係に見られるように，依存と愛着などの密接なつながりがある親から離脱していく中で，様々な葛藤や緊張が生起し，なかには，家庭内暴力や心身症など，思春期病理をかかえる者も現れてくると言います（岡堂，1986）。つまり，この時期は，第二の自我の誕生と言われるように，子どもたちが自分自身をどのような人間であるのかについて深く考え，新たな自分を発見しようとする時期だからこそ，大きく伸びようとする中での悩みや不安，社会批判などの葛藤を含む危機的状態にも陥りやすいのだと思います。このような思春期・青年期の子どもの状態をエリクソン（Erikson, 1959）は，アイデンティティの危機とよびました。これは，思春期・青年期が児童期のたんなる延長上にあるのではなく，むしろ児童期とは質的に異なった新しい世界に生きようとする試みが始まる時期（たとえば，加藤，1987）であるからこそ，子どもの内面に様々な葛藤や緊張が生じてくる時期だと言えるのです。

　私は，思春期・青年期の子どもは，自分の内部に生じた葛藤や緊張をまだうまく言葉に置き換えることが難しいため，反社会的な行動や非社会的な行動として，あるいは，何かの症状として私たちにその苦しさを訴えてきているのだと思います。このことについて，精神科医の山中康裕（1978）はこう言っています。山中のこの一文は，子どもに触れ，そして子どもを感じとろうとする私の視点がぶれそうになったとき，つねに原点に戻してくれる言葉でもあります。

**　ここに登場する（引用者注：山中が精神科医として出会ってきた）少年少女たちは世間一般からみると，問題児とか神経症児とか呼ばれて，いくぶんかの蔑みと怖れと憐みと嘲笑をもって眺められる存在であることが多いでしょう。時には厄介者とか困り者として，白眼視されたり，集団から毛嫌いされそうになったりすることすらあるほどです。**

ところが私は，彼らをとてもいとおしく，しかも時には何とも形容しがたいある畏敬の念をもって見つめることがあります。それは彼らが，自らは痛み傷つき苦しみながらも，周りに向って何かを訴え語りかけている，それでいて本人自身はそのことに無意識であることが多いのですが，そこにひたむきな姿を垣間見ることがあるからでしょうか（山中，1978，p. iii）。

いまだ語る言葉を探せない子どもが，行動を通して，症状を通して，語りかけてくるその言葉を私たちはどう受け取ればよいのでしょうか。少なくとも，「不良」などと切り捨てるのではなく，叱責や否定することにより彼らのまだ成長半ばの心を傷つけるのではなく，子どもが自分の内に生じている様々な思いを言葉に代えて語れるように，私たちのまなざしや態度を内省することが大切だと思います。言葉にならない思いが言語化できるようになると，その課題に対して，本人も周囲の人々も次の具体的な対応を考えるプロセスに入っていくことができるようになるのです。子どもの語りには私たちが想像できないような大事なものが眠っています。彼らが伝えてくれるその大事なものに気づけるかどうか。次の節では，私に深い学びを生じさせ，これからの生き方を問い直させてくれた語りについて紹介したいと思います。

3　語り直される物語

私は，数名の子どもに「かつての自分を語ってもらう」という調査を5年毎にしています。始めたころの年齢は，14歳，15歳，16歳といった思春期真只中でしたが，今はもう社会に出て落ち着いている子どももいれば，いまだに自分探しをしている子どももいます。その中の一人が，先日，介護の仕事に就いていると報告に来てくれました。彼は28歳になっていました。中学校のときには，「服とか整髪料なんて買うもんじゃない。盗るもんや」と平気で言うので，「お店が困る。もうするな。犯罪ということを覚えておけ」とずいぶん叱った思い出があります。彼にその当時の話をすると，「あのころの俺，おかしかっ

たな」とずいぶん反省をしていました。当時彼が，家庭ではアルコール依存症の父親が振るう暴力に苦しんでいたことを私は知っていましたが，だからといって，他者に迷惑を掛けることや犯罪を許してはおけないので，彼が震え上がるほど叱ったように思います。当時はへらへらと笑うだけで私が言っていることがわかっているのか，いないのか不安になることもありましたが，「でもな，今は介護施設の人気者やねんで。俺，もう悪いこと，何にもしてない」と言う優しい青年に育っていました。こうして，ときどき，ふと訪ねて来てくれることを嬉しく思いながら，「子どもはいろいろな人に会い，いろいろな経験をしながら育つのだ」ということを教えられています。

　インタビューに協力してくれた子どもは，当時，何かしらの悩みを抱え，親や教師に反抗したり，自分がこれから何に向かうのかがわからず苦しんだり混乱したりしていました。私はそんな子どもにある別の調査（山本，2008）を通して出会ったのですが，彼らの語りが時間の経過とともにどう変わっていくのか，あるいは変わらないのかを知りたいと思うようになり，彼らもその私の思いを理解してくれてこの調査が始まりました。当時の彼らの行動の背景には様々な状況や思いがありました。しかし，5年経ち，そして次の5年が経つと，その行動の意味を少しずつ語り直す子どもが出てきました。ここでは，その中から春奈ちゃん（仮名）の語りを紹介します。

　春奈ちゃんからは，彼女が15歳，20歳，25歳のときに話を聴かせてもらいました。今はもう，春奈ちゃんというよりも，春奈さんと呼ばなければならないほど大人になりました。彼女は今，東南アジアのある国にいます。小学校，中学校と教師の言うことや態度に反抗し，その抱えきれない思いを家庭で家族にぶつけていた春奈ちゃんですが，高校のときのクラブの顧問との出会いの中で，そうなりたいと思った「自分」になれたと言います。春奈ちゃんの15歳のときと20歳のときの語りの一部とその考察はすでに他稿（山本，2011：52-53）で述べていますが，この10年の間に，彼女の出来事への意味づけがどのように変容していったのかについて，あらためて詳しく紹介します。

（1）15歳のとき

　春奈ちゃんにはじめて会ったのは，彼女が中学校3年生のときでした。母親から一度話をしてほしいと頼まれ，彼女の家を訪れました。当時の春奈ちゃんは，受験を前にして，学校での友人や教師との関係に悩み，学校は休みがちになっていました。そして，家庭ではそのイライラから家族や物に当たるという日々を送っていました。私が春奈ちゃんにはじめて会ったその日は平日でしたが，この日も学校は休んでいるということでした。お母さんから「今日だったら妹も帰るのが遅いのでよかったら来てください」という電話をもらい，会いに行ったのです。

　春奈ちゃんはすらりとした長身でずいぶん大人びて見えました。お母さんが気をきかせたのか「私は少し買い物があるので」と家を出て行った後，二人の話が始まりました。はじめは，二人とも笑顔で差しさわりのない話をしながら，でも，春奈ちゃんが，私がどんな人間なのかを必死でつかもうとしているその感じを全身に受けながら話をしていました。そのため，二人の間には目に見えない緊張が漂っていたと思います。

　私は研究のための調査だけではなく，自分自身の子どもを通してたくさんの子どもに会ってきました。その中で，同じような感覚やまなざしを受けることがあります。そうした感覚やまなざしの中に「何かを伝えたいのだけれど，この人はどれくらい本気で付き合ってくれるのか」「信用してもよいのか」と言葉にはならない言葉を聴いているような気がしていました。私がどれほど彼らの言葉に応えられているかはわかりませんが，彼らには今の苦しさから自分で立ち上がる力があると信じていますし，かつての私がそうであったように，今どうしようもないと思っている苦しさや不安も，いろいろな人との出会いや出来事の中で意味を変えていくこともあるから心配しなくても大丈夫と，心の中で彼らに向かって話しかけながら話を聴くようにしています。

家庭教育の中で生じる葛藤

　春奈ちゃんは，小学校高学年ごろから友人関係がうまくいかなくなり，お母さんが学校に呼び出されることもあったようです。そのときのことをお母さん

第1章　子どもが語り直す物語

は「娘だけが悪いっていうわけではないのだけれど，みんなの中では浮くっていうか。女だから，抑えておけばいいところをきっちり自分の意見を言うから，嫌がられたのだと思う」と語っていました。教師からは，「春奈ちゃんの言動が改まらない限り，円滑な友人関係を結ぶのは難しい」「春奈ちゃんの方に原因があると思うので家庭での教育をよろしくお願いします」と言われたそうです。つまり，教師からは，春奈ちゃんのはっきり物を言う性格が，周囲から反感を持たれ，異質に感じられ，結局，無視をされたり仲間はずれになったりしたのだととらえられていたのです。そのため，春奈ちゃんが学校でうまくいくようにと，家庭での教育に力を入れようとしたお母さんとはつねに口論になっていたようで，家で荒れることも多かったと言います。当時，春奈ちゃんはお母さんに「学校行ってもみんなから無視されて，家でも怒られるんはたまらんわ」と言っていたそうです。

　私には，「お母さんは，ありきたりな一般の考えを押しつけるけど，私には私のやりかたがある。それがまったくわかってない。聴こうともしない。自分がいつも正しいって思っている」と言いました。

　　お母さんはともかくうざい。大好きって思うこともあるけど，今はうざいことが多いな。なんか，お母さんは，すごい（すごく）常識を押し付けてきて，うちはそうは思わんのに，無理やり押し付けてきて言うことを聞かそうとするのがいらん（嫌だ）。遠まわしに言うんやけど，それが，うちに，遠まわしにうちに説教してるな（と）いうのがわかったらうざいし，よけい腹が立つ。

　春奈ちゃんが語った「遠まわしに」という言葉は，小学校のときに不登校気味になったときの母親の態度を表したものです。

　　（不登校のときに）変なテンションで「春奈が行きたくなかったら，行かんでいいで」（と）いうのも，うざかった。「実際，どうなん。結局，行ってほしいんやろ」て思った。テンションがあきらかに，無理してるのがわ

11

かったしな。「表面だけ，わかったようなこと言うな」って思ってた。

　子どもが不登校気味になったときには，親も教師もどうしてよいかわからず，子どもの個性や環境の違いによって正解などどこにあるのかわからない状況の中で，とくに親は子どもの意思を尊重してやりたい，無理をさせたくないと思うことが多いようです。新聞やニュースで報道される子どもの痛ましい事件を目にすることもあり，親だけは味方でいてやらなければいけないと考え，行動しようとすることは当たり前のように思います。しかし，そこに，どうしても，他の子どもと比較したり，「学校は行って当たり前」という親自身が生徒だったころの学校の価値観が埋め込まれている場合，無意識のうちに子どもにダブルバインドをかけて混乱させることも生じます。

　教師もそうではないでしょうか。子どもに無理をさせたくないと思いながらも知らず知らずのうちに非言語的な登校刺激を掛けてしまっていることはないでしょうか。しかし，この埋め込まれた「学校は行って当たり前」という大きな物語が，今現在，行きたくても行けない子どもを傷つけることがあるのです。

　春奈ちゃんの母親に話を戻すと，「朝，仕事に行くとき，よその子どもが学校に行っている姿を見ると，『なんでうちだけ？』と悲しくなる」と言っていました。子どもの意思を尊重し，味方でありたいと思う気持ちと同時に，「なんでうちだけ？」という正反対の思いが生じることを責めることはできません。しかし，学校に行けないほど苦しんでいる子どもにその親の思いがどれほど理解できるでしょうか。そのため，子どもは親の非言語的なメッセージを受け取り，「表面だけ，わかったようなこと言うな」と二重に傷ついていることがあるのです。

生きた言葉が聴きたい

　春奈ちゃんは母親のことを「うざい」と語りながらも「大好き」と言いました。しかし，母親が大好きというエピソードの中でも母親に対しての否定的な言動は出てきました。どんなときに「大好き」が「うざい」に変わっていたのでしょうか。

第1章　子どもが語り直す物語

　［私：お母さんとはよくお話するの？］お母さんに友達のこととか相談はする。信頼してるというのとは違うけど，聴いてもらいたいんはある。でも，意見をされると腹がたつから，ただ聴いてもらいたいだけやのに，何か，本に書いてあるようなアドバイスをしてくるから，「ずれてるなあ」と思う。

　春奈ちゃんは，母親のアドバイスがずれていると感じていたようです。母親にしてみれば，春奈ちゃんがはじめての子どもということもあり，どう声を掛けてやればよいのかわからなかったのかもしれません。そのため，思春期の子どもへの対応が書かれた本などを参考にして春奈ちゃんの苦しさを軽減したいと考えたのだと思います。しかしそれは，春奈ちゃんが求めていた母親の生きた言葉ではなく，ずれていると腹立ちを覚えるようなマニュアル化した言葉だったようです。春奈ちゃんは「ただ聴いてもらいたいだけやのに」と語っています。

　しかし，私も含めてどれほどの母親が子どもの苦しんでいる姿を目の当たりにして「ただ聴くだけ」ができるでしょうか。こんなに子どもが苦しんでいるのに，ただ聴いているだけでよいのだろうか，何か少しでも前を向けるようなアドバイスをしてやれないだろうかと思ってしまいます。それは経験上，だいたいが空回りすることはわかっているのですが，つい子どもが求めていないアドバイスを口にしてしまうこともあります。子どもが苦しい状況に置かれていると思えば思うほど，親として「ただ聴く」という姿勢を貫くことは難しいものです。

　春奈ちゃんの母親は，春奈ちゃんに意見を言わなくなってきたと言います。母親はその理由として，「何か私が意見を言うとつっかかってこられるので，私も聞いてるけど，学習もしてるから，黙って考えながら『どう言おう』と思ってるあいだに『聴いてない！』って怒るんです」と語っていましたが，「ただ聴いてもらいたいだけ」と語っていた春奈ちゃんはこう受け止めていました。

　でもな，お母さんはうちがいろいろ話してるのに，それに対して意見を

13

> 言わんようになってきたんは，ものすごい腹が立つ。聞いてるんか聞いてないんかわからん。うんともすんとも言わんから，無視されてるようなときがあって，それが嫌。

　当時，春奈ちゃんも母親も難しい時期をともに生きていました。学校で少しでもうまくいくようにと母親が掛ける言葉を，春奈ちゃんが素直に受け取ることはありませんでした。そのため，母親からすれば，「ああ言えばこういう。どうしたらよいのか」とずいぶん悩んだ時期であったようです。

　ここで，春奈ちゃんの母親のように，母親自身が学校や世間の価値観を内在化させ，その視点から子どもの行動を変容させようとすることにより，子どもとの関係が崩れていったもう一つの事例を紹介します。

悠人くんが生きた学校

　春奈ちゃんと同時期に調査に協力してくれた悠人くん（仮名）も同じような経験をしました。彼は，中学校時代から髪の毛を金色に染め，単車を乗り回し，学校の中では「問題児」としてとらえられていました。そのため，母親は悠人くんのことで何度も学校に呼び出されたそうです。学校に呼び出されるたびに，きつく注意をしたそうですが，どうしても行動が改まらない悠人くんに対してついに「おまえ産んだんは失敗やった」というような怒り方をしてしまったそうです。悠人くんはその母親の言葉を聞いて，「お前（母親）は味方や思ってたけど，俺には味方はだれもおらんかったんやな」と寂しそうに言ったそうです。それまでの母親との関係はけっして悪いものではなかったのですが，このことがあってから「教師も親も結局は自分らが一番可愛いんや」という思いが彼の心の中にしっかりと根付いたようです。高校に進学した後も喧嘩やバイクで何度も問題になりました。母親は高校の教師から「授業中，教科書も開きません」「何かと盾突きます」と言われる状態だったそうです。そのため，ついに母親が「先生にこれ以上迷惑かけられへん。お前が退学届出されへんねやったら（出せないのだったら），お母さんが出したる」と言ったそうですが，このことに関して悠人くんはこう語っていました。「うちの母親はあほやなぁと思った。

きょうび，この時代に高校も行かんと大検（高等学校卒業程度認定試験）受けて大学行くて，どんだけしんどいの。高校行ってた方が楽に決まってるやん。あいつら（教師）の言うことなんか関係ない。子どもが学校やめる言うたら，どの親も泣いて止めるのにそんな馬鹿みたいなこと言うてんのはうちの親だけやと思った」と。

その後，悠人くんは1年の浪人生活を経験し，郷里から遠く離れた国立大学に進学していきました。あれほど権力構造に反発していた悠人くんが，今では日本でも有数の大企業の組織の中で優秀な営業マンとして活躍しているのです。

悠人くんの母親もそうですが，学校や社会の価値観に縛られ子どもをそこに合わせていこうとしても，子どもがそれを大きく壊そうとしている時期には親子の間に対立や葛藤を引き起こしてしまうのは自然なことです。しかし，私が聴き取り調査をしてきた思春期・青年期の子どもをもつ母親は子どもとの関係に苦慮しながらも根底には子どもに対する大きな愛情があったと思います。春奈ちゃんの母親も春奈ちゃんがいないときにそっと私に「つくづく親いうもんは一生懸命子どもを育てて，子どものこと思ってても，何か報われへんわて情けないときがあるよね。でも，子どもはものすごく大事やし，宝やって思ってるからね。愛情は揺れんね，何されても」と語っていました。こうしたお母さんの大きな愛情に包まれながら，春奈ちゃんも高校，大学と進学していったのです。

（2）20歳のとき

春奈ちゃんが大学2年生のときの語りを紹介します。春奈ちゃんは高校を卒業後に外国語関係の学部に入り，将来は日本を離れ，難民救済の仕事をしたいと言っていました。20歳のときの話の中では，高校に入学してしばらくは，親との関係は相変わらずよくはなかったと言いますが，その後の一つの出会いが春奈ちゃんに「もうそんなことはどうでもよい」と思えるような余裕をもたらしたそうです。それは，高校でも続けた吹奏楽のクラブの先生との出会いでした。春奈ちゃんは自分でも言うように「負けん気の強い」女の子でした。人に

負けることが嫌いなのです。しかし，中学では誰にも負けなかった演奏が，高校に入学すると自分より上手な人がたくさんいて，「もうやめようかな」と思った時期もあったそうです。しかし，そんなとき，顧問の先生が，「あなたには，演奏以外にとてもうまいことがあると思うよ」と言ったそうです。それは「チームワークを作ること」だとその先生は言ったそうです。春奈ちゃんは知らず知らずのうちにムードメーカーとして評価されていたようです。それまで，家庭での自分の行動から，自分の性格はずいぶんと酷いと評価していたので，その先生の言葉を聴いてとても嬉しかったと言います。その後，演奏では低い評価をもらっても，自分はなんとなくこのクラブには必要な人間だと思えたため，クラブをやめることはなかったそうです。それから，自分の将来を考えるようになり，誰かの役にたつ仕事がしたいと，現在の学部を選びました。そんな春奈ちゃんに昔のことを振り返ってもらうと，次のように語ってくれたのです。

　　いま，考えると，昔のうちは親に対して，無茶苦茶やったなと思う。[何がそんなに嫌だったんだろうね？] 一番には，お母さんを苦しめてる（と）いうのがわかっていて，それを止めれない自分に腹がたって苛々して，またお母さんに当たるっていう繰り返しがあったこと。もう，「誰か止めて」いう感じ。[幼かったのかな？] 幼いいうか。まあ，実際，コントロールできないんやから幼いともいえるけど，違う理由もあった。[たとえば？] うちが一番，嫌やったのは，お母さんがいつも泣きそうな顔してたり，ため息ついてたり，うちが何してもわかったような顔して我慢して。言い返してきたらよいのに。殴ったら殴り返してきたらよいのに。なんでうちの親はこんなに弱いんやて。[でも，春奈ちゃんの辛さを理解しようとしてたからじゃない？] いや，だから一番，嫌やったのは，そんな風にうちがしてるんちゃうかって思ってたいうこと。殴り返されたら，お互いさまみたいになるけど，何も言わんと哀しそうな顔だけされたら，うちだけ悪者で取り残されるやん。それ，いちばんキツイ仕返しやん。うちも一応，親に感謝してるから，自分をなんて奴やて思って，そんな罪悪感が出てきたら，

余計，自分が辛いから，また暴れて。いつか，殴り返してくれたら，私も楽になるのに。それもわからんのかとか。それもずいぶんと甘えた考え方やけど，お母さんに辛い思いをさせてたことが一番辛かった。

　私も一人の母親として，同じような状況に置かれた場合，殴り返す自信はありません。「もしけがをさせたら」「これ以上関係が悪化したら」と，躊躇してしまい，その勇気が出ないと思うのです。その代わりに「哀しい顔」や「疲れた顔」を子どもに見せ，「耐えている母親」と「耐えさせている子ども」を無意識のうちに表現し，子どもに仕返しをしているように受け取られることもあるのかもしれません。本当は感謝しているお母さんを苦しめている「私」。春奈ちゃんはそれが一番辛く，暴力の連鎖を生んだと語ったのです。

　その後，大学を卒業し，春奈ちゃんの夢だった外国へと飛び立ちました。大学の同期が就職活動をしている中で，就職活動はせず，アルバイトを掛けもちし，渡航費用を捻出しました。日本での就職を望んでいた両親とは小さな対立も生じたようですが，結局は，「春奈の好きなことをしなさい」と許してくれたそうです。両親と冷静に将来のことを話し合ったこと，自分の夢を認めてもらったことが，春奈ちゃんの「できる子じゃない，私」という自信につながっていったと言います。暴れなくても，暴言を吐かなくても，自分を認めてもらえるのだということを知った貴重な体験だったそうです。

（3）25歳のとき

　春奈ちゃんは，今，東南アジアにある国のホテルで働いています。将来をともにしたい伴侶もできたようです。その男性を両親に紹介するため帰国したときに話を聴かせてもらいました。すっかり，落ち着いて，かつてのやんちゃな春奈ちゃんのイメージはありませんでした。「最近はどう？」と問う私に，「なんか，やっと自分を生きている感じ」と答えました。「よかったね。もし嫌じゃなかったら自分を生きている感じの春奈ちゃんから中学校の春奈ちゃんのことを少し振り返ってみてくれるかな」と言うと，照れながらこう語ってくれまし

た。

　　　あのころ，私，たいへんやったというのは自分でも自覚してた。怒ったらコントロールできないんやもの。［コントロールできなかった理由って，いま，思いつく？］住んでいる世界が狭かったのが一番かもしれない。まだ小学校や中学校って家と学校の二つが大きな世界で。私は人のことばっかり気にして生きていたから。［人のこと？］そう，人からの評価。ええかっこしたい。認められやんかったら（認められなかったら），それでよいとは思えなかった。ともかく，人から賢い，優しい，よい子とか，そんな評価ばっかり気にしてたんやけど，そんな自分はいないわけで。しんどくなって，家でお母さんに当たってたんかなあと思う。

　春奈ちゃんは，学校という狭い世界の中での人からの評価を気にしたことが，家での暴力や暴言行為の原因だったと語りました。私たち大人でもそうですが，他者からの肯定的な評価を得たいと思うと無理をしたり，本当の自分を受け入れてもらえないのではないかと怖れ，よい人を演じようとして疲れてしまうことがあります。本当は，他者はそれほど気にしていないのでしょうが，いちど自分の中にこういった他者のまなざしを取り入れてしまうと，それが自分の内部から自分をかなり厳しく評価することがあります。思春期という自己を形成していく時期には，多かれ少なかれ，春奈ちゃんのような思いに苛まれることがあるのではないでしょうか。

　大人への移行期にいる子どもが，それまでの自分たちの価値観や規範を再構築していこうともがく中で，すでに確固とした価値観や規範を構築している大人たちとの間で対立や葛藤を生じさせることは自然なことかもしれません。春奈ちゃんは自分の行動が八つ当たりだと語りながらも，自分に対する母親の態度にもその原因の一端があったのではないかと語っています。

　　　お母さんも悲劇のヒロインみたいなところがあって……。当時は申し訳ないと思っていたけど，お母さんもちょっとよくないところはあったよう

に思う。[よくないところ？] そう，自分だけが被害者みたいに思っているというか……，そう子どもに思わせているところがあるというか。私からみたら「いじわる」？みたいに感じたところはないことはない。お母さんも変わってくれたらと思う部分はあったけど，迷惑掛けているのはわかっているから……，難しいな。[どう変わってほしかったの？] お母さんは自覚してないとは思うけど，私の気持ちを逆なでするようなことを言ったり，したりしたかな。空気よめへんというか（笑）。

春奈ちゃんは，20歳のときに語っていたように，母親との関係が当時の自分の行動に影響していると思っていました。大好きだと語っていた母親への申し訳なさといじわると感じる母親の態度への怒りといったアンビバレントな思いが春奈ちゃんを混乱させ，暴力的な行為へと導いたのかもしれません。母親はけっしていじわるをしていたとは思いませんが，当時，「私だけのせい？　もうよいわ」と語っていた母親の疲れた顔を思い出します。春奈ちゃんの母親だけではなく，当時，調査を通して出会ったほとんどの母親が少なからず疲れていました。「どう扱ったらよいのかわからない」「何を言ってもキレられる」と。

思春期・青年期をそれほどの葛藤がなく通り過ぎる子どもの方が多いのかもしれませんが，私が調査や生活の場で出会った子どもは，不安や怖れを内面に抱えながら，狭い世界の中で，周囲の人間関係の中で，他者や自分を傷つけながら，もがきながら，それでも前に進もうとしていました。春奈ちゃんもその一人です。

経験から学んだ「生きたい自分」

　　今は自分の人生を生きていると感じるから，昔そんなこともあったかなとしか思わないのが正直なところ。でも，その時代があってよかった。あったから今の自分があるって思ってるから，大人として（大人になった自分としては），迷惑は掛けたとは思うけど，後悔はしていない。それに，そういう経験がなかったら，それがわからんかったなって。なかったらなかったで幸せやとは思うけど，そんな経験があってよかったと自分は思って

る。

　春奈ちゃんは，そのころの経験が今の自分を創ったのではないかと語っています。苦しんで悩んでそれを周囲にぶつけていた春奈ちゃんが自分を受け入れ，自分を成長させた経験だったと語り直すとは，当時は想像もつかないことでした。25歳になった春奈ちゃんは当時の自分を否定するのでもなく，よくないところも十分わかっていながら，その当時の自分を受け入れています。変わることがなかった周囲の温かいかかわりや，彼女自身が年齢を重ね成長したこともあるのでしょうが，こう思えるようになった背景を春奈ちゃんはどうとらえていたのでしょうか。

> 一番は，一人で暮らすようになったことと経済的に自立したことがあると思う。世界が広がって，他に考えなあかんことや楽しいことが増えたし，わざわざ闘う必要もないと思えるようになった。今でも嫌なこともたくさんあるけど，流れにのって落ち込むのもひとつありと考えるようになったと思う。これは，昔，闘ってしんどかったことから教えてもらったこと。人のために変わるよりも，自分のために生きよう。自分を大切にしようと思えるようになったっていうことだと思う。

　春奈ちゃんは，経済的に自立し，一人で暮らすようになったことがかつての物語を自分の人生の一部として肯定的に受け入れる大きな要因だったと言います。経済的に自立をするということは，春奈ちゃんだけではなく多くの子どもが自分の人生を取り戻すきっかけになっていると語ります。

親との関係を取り戻した由香ちゃんの語り

　春奈ちゃんと同じように，経済的に親から自立することで自分を取り戻していったある中学生の女児の話をします。仮に由香ちゃんとします。由香ちゃんは親との折り合いが悪く，中学校3年生のときに家出をしました。机の引き出しには「家出したい」，「死にたい」などの走り書きがたくさん残されていました。援助交際の疑いもありました。親は学校にも相談しましたが，「ほっとい

たらそのうち帰ってくるのでは」と言われ，由香ちゃんが学校で教師からどのような扱いを受けていたのかがわかったと言います。そのため，両親はすぐに警察に捜索願を出し，2か月後に他県で保護されたのですが，心配して待っていた親に「お前らみたいな頭の悪い奴らとは話もできん」と昼間は部屋をでず，夜になると友達と街にでていくという毎日でした。学校も行きませんでした。学校には居場所はなかったようです。由香ちゃんは卒業したものの高校に進学もせず引きこもった状態でしたが，ある日，「飲食店で働くことにした」と母親に報告したそうです。働くようになってから，しばらくして「いろいろ心配をかけ申し訳ないことをした」と親に謝りました。働くようになって，何が変わったのと訊く私に，「お店の人たちはみんな親切で楽しいし，親からお金をもらってると，言いたいことも言えなかったんが変わった。言っても『食べさせてもらっているもんが生意気なことを言うな』て聴いてもらえない。でも，自分で食べてるんやから，ちょっと認めてもらえるいうか，聴いてやろうかて（親が）思ってるのがわかるから嬉しい」と語りました。

経済的な自立が象徴するもの

　経済的に自立をすることがそのまま子どもの語りを肯定的に語り直させたとは思いません。この経済的自立は物語を書き換える一つのきっかけとなっていたことはたしかですが，それが象徴していたものは何なのでしょうか。

　働くということは，もちろん，お金を得て自分の生活を確立していくための手段です。しかし，春奈ちゃんや由香ちゃんが言うように，働くことによって生きる世界が広がり，そこで感じた「楽しさ」や，自分の存在を認め受け入れてもらえているという感覚が，彼女らの物語を書き換えさせたのではないだろうかと思っています。

　子どもは，大人から見れば，自分で自分のやっていることをわかっておらず，未熟な存在だから大人が導いてやらなくてはならないと思いがちです。そのため，子どもの内面で生じている様々な感情や考えをしっかりと聴こうとしないことがあります。私たち大人は自分たちの経験から，学校での適切な振舞い方や，ある程度の「人生における成功」への道筋を知っていると思い込んでいる

ところがあります。そのため，それを疑いもせず，よかれと思って子どもに当てはめていくのですが，それがあまりに一方的なかかわりや解釈である場合，子どもとの間に対立や葛藤を生じさせてしまいます。次の節では，そのような対立や葛藤を引きずって，中学時代の体験に縛られ語り直すことをしない青年の話を紹介します。

4 語り直されない物語

　人は，過去の自分を振り返るとき，春奈ちゃんのように，「あのころの自分があったから今がある」と過去のネガティヴな出来事を自分の人生の一つの糧として考えることもあれば，「ああしていればよかった」「こうしていればもっとうまくいったのではないか」と，そこから離れられないこともあります。しかし，ナラティヴの視点から考えると，私たちはすべての子どもが否定的な過去の物語を肯定的に書き換えることだけを目指すものではありません。

　私が縦断的に面接をしている子どもは自分の過去のネガティヴな体験をそのときどきで違う物語に語り直すことがありました。必ずしも，一本の線で肯定的な物語へと書き直していくものではありません。自分の過去の体験は，今の自分から語られるので，その「今の自分」がどうあるかが，彼らが語る物語の意味を変えていきます。つまり，今の自分に満足しているかどうか，今の状況を受け入れているかどうかなどが，かつての出来事の意味づけに影響しているのです。

　今が苦しければ，過去の苦しい物語を内面で咀嚼し受け入れるのが難しい場合があります。そのため，いまだ受け入れられない過去にこだわり，なかなか一歩を踏み出せない子どももいます。一歩を踏み出すことができない子どもに対しては，対話を通して，なぜ彼らはネガティヴな出来事に対する意味づけを変えず，その場に留まるのかを知ることは大切です。なぜならば，自分にとって忘れられないネガティヴな過去の物語が，これからのその人の人生を方向づけていることがあるからです。支えとなる他者の存在が得られなかったのか，

もしくは，他者の支えを受け入れることができない状況にいたのかなどを彼らの語りを通して知ることができたならば，今後，私たちが彼らにどう接していけばよいかを教えてもらうことができるからです。

　人は記憶の集積を生きています。そしてその記憶が「私はこういう人間だ」といった個人の自己を作り上げます。とくに，自己を形成する重要な記憶に自伝的記憶があります。これは，自分が体験した出来事に対する記憶です。そしてこの自伝的記憶は，必ずしも真実を現しているものではなく，その個人が世の中をどうとらえているのかという個人に特有の解釈枠組みによって異なったかたちで意味づけられるものだと思います。そのため，個人を取り巻く世界に対する解釈の枠組みが「自分とは何か」といった自己を形成することに大きく影響すると言ってもよいでしょう。

世界を解釈する枠組み

　では，個人に特有な解釈枠組みはどのように形成されるのでしょうか。形成のプロセスは多くの要因が絡み合い複雑なものですが，簡潔に言うとすれば，個人の性格特性と，個人が生きている時代や文化がもつ価値観，他者との関係性の質など個人を取り巻く環境との相互作用の結果，形成されるものと説明できます（山本，2016）。少し視点を変えれば，違うものが見えてくるのですが，この解釈の枠組みは深く内面に取り込まれているため，そこから逃れるためにはかなりダイナミックに自分の考え方を変えていくか，環境を変えていくしかありません。自分の考え方を変えていくための自己理解にも他者が必要になってきます。人は他者の存在なしに自分というものを理解することはできません。春奈ちゃんが言うように，他者からの評価が自分自身の評価として内面化することを考えると，ネガティヴな固まった物語を溶かしていくのは自分ではあるのですが，他者の存在でもあると言えるのです。

過去に留まる祐介くんの語り

　ここで紹介する祐介くん（仮名，24歳）は，15歳のときから同じ物語を語り続けています。15歳のときのネガティヴな語りは5年たっても，10年たっても語り直されることはありません。彼にとって取り返しのつかない出来事として，

記憶の中にしまいこまれ，いくら彼を支える他者が違う視点から物事を見るように勧めても，なかなかそこからは動けないのです。

> もう，遅いんです。今さら，何ができるかな。何をやっても失った時間は返ってこない。もう終わりなんや。15のときの舵取りを間違ってから，僕の人生は終わったんです。

彼は中学校の実力テストではつねにトップクラスにいました。しかし，授業中の態度の悪さや服装の乱れを注意する教師と対立することが多く，「内申点が取れない。希望する公立高校に合格できない」と悩んでいました。

> 数学なんかでも，同じ90点を取ったとして，もう一人は10（10段階評価）がついても，僕は6やったりする。それを見てると「なんやねん。おかしいやろ」と思って嫌になる。「お前の態度が悪いからや」て，主観的に成績つけて。先生なんていうのは人の将来をむちゃくちゃにしても平気な人種なんや。

祐介くんはノートや課題もきちんと期限を守って出していたようですが，教師の指示に従わない，授業中も話を聞いていないなどの授業態度が成績評価に反映していると考えていました。なぜ，希望する高校に進学できないと悩むくらいなら，教師の指示に素直に従ったり，まじめに授業を受けようとはしなかったのでしょうか。そのきっかけは，教師を信頼できなくなったある事件でした。中学校1年生のとき，祐介くんの幼馴染が万引きで捕まりました。すぐに店側の間違いだとわかったのですが，そのときに対応した教師が幼馴染に向かって「普段からだらしない格好で店に出入りしとるから万引きに間違われて当たり前だ。よい勉強になっただろう」と言った言葉がどうしても許せなかったそうです。万引き犯と間違われてしゅんとしている幼馴染に対して，一緒に店に怒れとは言わないまでも，「びっくりしたやろ。でも，先生は信じていたよ」の一言があってもよいのではないかと思ったと言います。店からは疑われる，教師からは嫌味を言われるという二重の悔しさから，幼馴染はとうとう泣き出

してしまったそうです。その後，同じような出来事が重なり，祐介くんにとって教師は信用できない人間だと解釈する一つの大きな枠組みを形成してしまったようです。一度こういった解釈の枠組みを取り込んでしまうと，なかなか違う枠組みから解釈し直せと言っても難しいことかもしれません。祐介くんは新たにそれを書き換える機会もなく，内面化した解釈の枠組みから教師をとらえていたため，何かというと反抗し対立を繰り返したようです。それが，祐介くんのいう「内申点が取れないから，希望する公立高校に行けない」に繋がっていくのですが，彼はどうすることもできなかったようです。低い内申点でも進学できる高校を選び，そこでも教師との対立を繰り返したため，結局，進路変更を余儀なくされました。いわゆる中退ということです。高等学校卒業程度認定試験を受験し，これも自分が希望する大学ではないところに進学していきました。

あのころのあいつら（教師）さえいなかったら，僕は今頃，一流大学に進学して，医者か弁護士か。そんな風になっていたと思うと，人生をつぶされて恨んでも恨みきれない。

24歳になった祐介くんは「何かあいつらを見返す仕事はないかと探している。僕に合ったやりがいのある仕事。あいつらが『ほぉ』て驚く仕事に必ず就くから」と語ります。私は彼の話を聴きながら，本当はいろいろなことがわかっているのだろうなと感じました。彼が恨んでも恨みきれないと語っている対象は，教師というよりもむしろ，一つの出来事にこだわり，誰かのせいにして自分の行為を変えていけなかった幼い自分自身に対してでもあるのではないかと思いました。一般の社会の中で，まだまだ職業選択は男性の大きな課題だととらえられていると思います。だからこそ，彼は余計に人生をつぶされたと思っている「かつての場所」から離れられないのだろうと思ったのです。

現在，求職中の彼が望む仕事に就くことができて，自分自身を受け入れることができるようになったとき，彼はどのような語りを語るのでしょうか。面接の最後に「僕に合ったやりがいのある仕事に就くから」と彼が語った中に，彼

がこの状況を乗り越えようとしている思いを感じました。教師が「ほぉ」と感心しなくても，自分に合ったやりがいのある仕事に就いたとき，彼の教師に対する恨みやこだわりが，どのように語られるのかを聴かせてもらいたいと思っています。

5 子どもの物語を支えるために

　本章では，春奈ちゃんの事例を中心に，学校とのかかわりの中で自分を見つめてきた子どもの語りを紹介しました。かつてのネガティヴな出来事を肯定的に意味づけなおしている子どももいれば，いまだその場所に留まりその当時の苦しさのままを語る子どももいます。そして，今，かつての出来事を肯定的に意味づけている子どもも状況が変われば，再びネガティヴな出来事として意味づけなおすかもしれません。こういった意味で，語りというのは，過去を語りながら，その個人が置かれている現在の状態を教えてくれるものです。

　私は語りを研究しながら，現場では心理的援助にも携わっています。その中には，かつての苦しい出来事を自分の人生の一部として統合していくことが困難な人々がいます。祐介くんもそうですが，木に付けられた過去の傷跡があまりにもその人にとって生々しく残っている場合，いくら森を見ましょうと言っても，それは無理なことだと感じます。木の傷跡は人それぞれの個性や置かれている状況によって見え方が異なります。また同じように，受け取る側の個性や置かれている状況によっても「そんなことで人生を無駄にするなんてもったいない」「気にすることではない」ととらえ，あたかもその人の傷へのこだわりを瑣末なことと受け取ることもあるかもしれません。

　しかし，その傷が森全体を揺るがすような大きな出来事としてその個人の中に入り込み，その傷が世界を解釈する枠組みとなってその人の行く先を方向づけることもあるのです。私は，語りを通して，彼らの傷つきを人生の一部として統合していけるような援助をしていきたいと思っていますが，まずは，立ち直れないほどの傷を木につけないようにするにはどうすればよいかについて，

子どもを育てる私たち大人がしっかりと考えていかなければならないと思っています。

倫理的配慮について
　本章で紹介した事例については，個人が特定できないように十分配慮した上で掲載の許諾をいただきました。なお，内容については論旨を損なわないよう若干の修正を行っています。とくに春奈ちゃんの事例については別稿（山本，2011）と多少異なる記述があります。別稿では，当時の年齢を考慮し若干の修正を加えました。しかし本書ではそのまま修正せずに載せることを許諾いただき，掲載しています。

〈文　献〉

Becker, H. S. 1963 *Outsider: Studies in the sociology of deviance.* The Free Press of Glencoe.
Erikson, E. H. 1959 *Identity and the life cycle.* W. W. Norton.
加藤隆勝　1987　青年期の意識構造　誠信書房
Lemert, E. M. 2012 *Social pathology: A systematic approach to the theory of sociopathic behavior.* Literary Licensing.
岡堂哲雄　1986　あたたかい家族　講談社現代新書
山本智子　2008　「母と子の葛藤」を生み出す社会的状況について――思春期／青年期の子をもつ母親の語りを手がかりに　奈良女子大学社会学論集，**15**，157-174.
山本智子　2011　子どもの「問題行動」の背景にある「本音」――様々に語り直される「本音」をどう聴くか　発達，**127**，49-56.
山本智子　2016　世界を意味づけする「物語的解釈の枠組み」――自伝的記憶とパラタクシス的歪曲の側面から　臨床心理学研究，**54**(1)，15-22.
山中康裕　1978　少年期の心――精神療法を通してみた影　中公新書
山下栄一　1975　Ⅱ-2章　自分（自己）とは何か　井上健治・柏木恵子・古沢頼雄（編）　青年心理学　有斐閣　pp. 106-119.

第2章 発達障害のある子どもにどうかかわるか
——「気になる行動」を理解する

伊 丹 昌 一

1 発達障害のある子どもの学校での生活

(1) 学校生活において気になる子どもたち

　学校生活の中で，はじめてのことや突然の変化についていけず，活動に参加できなかったり，その場から逃げ出したりしてしまう子ども，最初は集中しようとするものの，すぐに集中が途切れて動いてしまう子ども，先生の指示に従わず勝手なふるまいをしてしまう子ども，同年代の子どもとうまくかかわることができずに先生のそばを離れようとしない子ども，自分の想いを言葉でうまく伝えることができずに，すぐに相手に手を出してしまう子どもなど，気になる行動をする子どもたちの姿を目にします。

　学校という社会は子どもたちがこれまで長く過ごしてきた家庭の環境とは大きく違います。そのような新しい環境の中では子どもが戸惑うのも無理はないような気がします。また，保護者以外ではじめて学校生活という長い時間を共有する大人である先生の存在も子どもの気持ちや行動に大きく影響していますし，学年やクラスといった，子どもにとっては大きな集団の要因も負担になっている可能性も否めません。

　しかし，そのような理由を当てはめてみても，あまりにも多くの子どもたちの行動が気になってしまいます。私は学校からの依頼で巡回相談というかたちで学校現場にお伺いする機会を多く得ています。授業中にクラスの子どもたちの様子を拝見し，一人一人の子どもへの支援のアドバイスと学級集団づくりへ

のアドバイスなどをさせていただいていますが，年々，気になる子どもたちの数が増えているような気がします。一つのクラスの3分の1から約半数程度の子どもたちの行動が気になってしまいます。これは，巡回での行動観察経験が増えたことにより気づきの視点の精度が高まったということもあると思うのですが，子どもを取り巻く社会の変化や家庭環境の変化も大きな要因としてあげることができると思います。また，2007年から完全実施されている「特別支援教育」の中で定義される発達障害のある子どもたちの存在も一つの要因であると思います。

（2）子どもの困難への気づき

　保護者や先生からすると，気になる行動を示す子どもとかかわっていると，ついつい，「困ったなぁ……」と思いがちですが，この子たちは本当に困った子どもたちでしょうか。たいていの気になる行動は，一見するとどの子にも見られる行動かもしれませんが，子どもにとっては困ったときのサインかもしれません。保護者や先生に一生懸命，自分の辛さやわかってほしいことを訴えたいけど，自分の思いをうまく言葉や態度で表現できずに，気になる行動をしてしまっているのかもしれません。

　したがって，気になる行動をする子どもがいたとしても，頭ごなしに「困った子ども」としてとらえるのではなく，「困っている子ども」としてとらえることが大切です。保護者や先生が子どもの困りごとに気づき，それを否定することなく共感し，子どもとの信頼関係を作ったうえで，気になる行動ではなく，よい行動を誰の前でも自分からできる子どもにしなくてはなりません。

　気になる行動をする子どもを"困った子ども"としてかかわろうとすると，どうしても，気になる行動をやめさせようとする対応のみになってしまう可能性があります。保護者や先生が一生懸命になって気になる行動をやめさせようとしても，試行錯誤の対応で，かえって問題を悪化させることになりかねません。子どもの気になる行動を頭ごなしに否定し，強い叱責で子どもを押さえつけることで，気になる行動は見えなくなるかもしれません。しかし，子どもは

どのように正しく行動すればよいのかわからず，いつ保護者や先生に叱られるかわからないという不安な毎日を過ごすことになります。また，強く叱責しない保護者や先生の前では余計に気になる行動がひどくなるといったことも起こります。このような対応を続けていると，子どもはさらに不安を強め，保護者や先生の顔色を見てびくびくと毎日を過ごすという不幸な結果となります。大切な子どもを人の顔色を見て行動するような人間にしてはいけません。自らの力で，よい行動を誰の前でも自発できるよう支えることが大切です。そのためにも，「困った子ども」としてとらえるのではなく，「困っている子ども」であると気づくことから始めましょう。

(3) 気づきからの支援

　このような子どもたちの気になる行動は，月齢差によるもの，不器用さの問題，対人関係力の弱さ，コミュニケーション力の弱さ，認知能力のアンバランス，感覚のトラブルによるものも多く，医療との連携も必要な場合もあります。また，何らかの発達障害があると診断されている場合もあると思います。このときに私たちが大切にしなければならないことは，「その子は何か」ということを明確にするのではなく，「その子はどうすれば困らないようになるか」です。「その子は何か」を明確にするのは医療関係者の役割です。保護者や先生の役割は，子どもの困難に気づき，どのようにかかわれば子どもが困らないようになるかを考えることです。

　また，診断名からかかわりを考えるときにも注意をしなければなりません。ちまたには，「発達障害のある子どもにはこうすればうまくいく」といったハウツー本がたくさん出回っていますが，本書を読んでいただいている皆さんもそのような本を一度はお読みになったことがあるのではないでしょうか。記載通りにかかわってみて，うまくいったでしょうか。答えはおそらく「NO」だと思います。なぜなら，発達障害と診断されていても子どもは10人いれば10人とも個性があります。たとえばADHD（注意欠如・多動症）の光一くんととらえても，ADHDという状態には様々なものがあり，光一くんにもいろいろな

個性を持った光一くんがいるのです。子どもは一人一人違います。また違っていて当たり前です。光一くんにはADHDという診断名はあるけれども，具体的にはどういうことで困っているかをきめ細かく見て，効果的なかかわり方につなげていくことが重要です。目の前にいる光一くんは世界でたった一人だけの光一くんなのです。これはけっして診断を否定するものではありません。診断されることによりかなり状態が落ち着いたお子さんを知っていますし，何よりも，自分の育て方のせいで子どもが困っているという誤解がなくなって安心されたという保護者にも多く出会っています。強調しておきたいことは，教師，保護者など，それぞれの立場による役割の違いを認識して効果的なかかわりにつなげるという視点を持つということです。そのうえで，発達障害だから視覚支援を用いて絵カードを示さなければならないといったハウツー本によるステレオタイプなかかわり方をするのではなく，きめの細かい気づきから根拠のある効果的なかかわりへとつなげていくことが重要です。

（4）褒めるだけで子どもは育つのか

　それでは，いったい子どもの気になる行動をどのように考えればいいのでしょうか。子どもたちのすべてが，生まれながらに発達障害というどうしようもない行動特性から気になる行動をしているのでしょうか。

　先日，ある教育番組を見ていると，教育評論家と称する人が「子どもは子どもだからね，どんなに悪いことをしても褒めなくちゃダメなの。叱っちゃダメ！」と解説していました。この解説に怒りとおぞましさを覚えたのはきっと私だけではないはずです（人ではなく言葉に）。また，「発達障害のある子どもにはこうすればうまくいく」といったハウツー本の中にも必ずといっていいほど「発達障害のある子は叱らずに褒めましょう！」という言葉が出てきます。これはある意味では正しいと思いますが，何の根拠もなく，発達障害特性に起因しない悪い学習行動も褒めるということは間違っていると思います。学校現場からいただく質問の中でも，「友達をたたく子どもを叱ってはいけないのですか？」といったものが多く，このような意見は現場を本当に混乱させていると

思います。あえて申し上げます。褒めるばかりが教育ではありません。もちろん，よい行動は褒めなければなりません。しかし，悪い行動まで褒める必要はまったくありません。発達障害と診断されていようとも，診断されていない子どもと同じように，よいことはよい，悪いことは悪いとしっかりと学ばせなければなりません。

（5）気になる行動の本当の意味を知る
気になる行動の定義

　とはいうものの，上手に褒め，上手に叱ることは非常に難しいことです。そこで，ここでは子どもたちが示す気になる行動の意味を考えてみたいと思います。

　「困っている子ども」が示す気になる行動とは，子どもが困っていることを状況に応じて適切な行動で表現できていないために生じるものとここでは定義します。たとえば，光一くんが友達の見ている絵本がほしくて，友達を突き飛ばして無理やり奪い取ったとします。その結果，絵本を友達から取り上げることができました。この場面では，光一くんが絵本を貸してほしいときにどう行動するのかを学べていないので（未学習），絵本を見たくて突き飛ばしてしまいました。すると，友達から絵本を貸してもらえるようになり，その結果，気に入った絵本を見たいときには友達を突き飛ばしてうばいとればいいのだということを学んでしまいました（誤学習）。

- 未学習：状況に応じてどのように行動すればいいのかを学んでいない状態
- 誤学習：状況に合わない不適切な行動を学んでしまっている状態

　適切な行動ができていないのは，たいていは未学習や誤学習のためです。状況に応じた適切な行動を子どもが身につけていなければ教え，足りなければ補えばいいのです。また，状況に合わない気になる行動をするのは，行動を間違って学んでいるからです。間違って学んでいる行動があれば修正しながら正しい行動を教え，身につけさせます。

　子どもが未学習や誤学習から気になる行動をすることを，その子の保護者の

しつけや子どもの努力不足のせいにしてはいけません。また，気になる行動をさせてしまった自分の指導力を責めてもいけません。「困った子ども」ととらえること自体が個人攻撃の罠（島宗，2000）にはまっています。誰かを責めても解決には結びつきません。前向きに，暖かく支援したいものです。

行動の前後の出来事に着目する

子どもに誰の前でもよい行動を自発させるようにするには，子どもの行動を観察し，その背景にある環境要因や行動の意味を把握することが大切です。子どもの行動はそれが単独で起こるのではなく，環境との相互作用（山本・池田，2005）の中で起こっています。

たとえば，好きな絵本を見たいときに友達を突き飛ばしてうばいとってしまう光一くんを観察してみると，つねに友達を突き飛ばしているわけではありません。また，日によっても突き飛ばす回数が全然違っているのがわかります。なぜならば，友達を突き飛ばすことには理由があるからです。光一くんの友達を突き飛ばす行動は，自分の思いを通すときに使うように誤学習してしまったものなので，そういった要求機能があるときに使うことが多いのです。さらに，叱りつける保護者や先生がいるときとそうでないときにも回数に差がでます。このように，行動の背景には環境要因や行動の意味があることがわかります。

行動の意味を知らずに，気になる行動を直接的に変えようとすると，叱るばかりの対応になりかねません。行動の前後に起こる出来事に着目し，それを変えていくことで子どもによい行動を自発させるようにしたいものです。それには，子どもの行動をまずは具体的にとらえるということが大切です。行動を具体的にとらえることで，保護者や先生との間で子どもの行動について共通の認識をもつことができます。また，行動のみではなく，行動の前後に生じている出来事にも気づきやすくなります。子どもに正しい行動を教えるときにも行動の前後のプロセスを具体的に把握していると，教えやすいです。

行動の理解と働きかけ

行動を具体的に記録するためには，子どもにかかわる保護者や先生などが共通で認識しやすいように，誰でもが正確にイメージできるように記録すること

が大切です。

たとえば、「片づけ」という行動をイメージした場合、「きちんと片づけた」という記録よりも、「自分が出して遊んだおもちゃをもとのおもちゃ箱に入れることができた」のほうが多くの人の間で共通認識しやすいと思います。また、この言い方だと子どもにも何をどのようにすればいいのかがわかりやすくなると思います。子どもがその行動をできていたのかどうかも評価しやすいですね。

子どもの気になる行動を具体的に記録できたら、いよいよ気になる行動を大人が期待する行動に変えるという段階に入ります。このとき、担当者が一人でかかわり方を考えるということではなく、気になる行動をする子どもにかかわるすべての大人で、子どもの現状について共通理解する必要があります。気になる行動を具体的に記載してあると、共通理解がしやすいと思います。

行動の前後のプロセスを3分割する

ではどのように行動を理解すればいいのでしょうか。先ほども書いたように、環境に無関係に起こる行動はありません。子どもの行動について疑問を感じたときは、以下のように行動の前後の環境を含めて3分割することをお勧めします。

光一くんの例に当てはめて考えてみると、以下のようになるのではないでしょうか？

このように、光一くんの行動には、大好きな本を貸してと言えずに、ついついうばいとってしまうという、「物や活動の要求機能」があったことがわかり

ます。

　このとき，「突き飛ばして本をうばう」行動のところに光一くんの気持ちを書き込めば，「僕の好きな本を貸して」が入りますね。行動の前後のプロセスを3分割して，気になる行動のところに吹き出しを作り，気持ちを表す言葉を書くと困っている子どもの気持ちがよくわかると思います（小笠原, 2010）。そして，子どもの本当の気持ちに即した支援を考えます。この場合は，「本を貸して」と言えるようになればいいのですね。上手に「本を貸して」を言えたときには周りの大人が協力して本を貸してもらえるようにしてあげてください。「上手に『本を貸して』と言えたね」と褒めるだけでは行動は変わりません。行動の意味に即した結果が伴うように環境調整することが重要です。それでも突き飛ばす行動が見られた場合には，毅然と叱ってください。感情的に怒るのではなく，「本を貸してと言いなさい！」と，どう行動すればよいのかを示すのです。そして，それが言えたときは子どもが求める結果が伴うようにしてあげてください。このように，根拠にもとづいたかかわりを続けることが重要です。

　子どもの行動が示す機能としては，次のようなものがあげられます。
- 注目要求機能　　　　　→　保護者や先生，友達などから注目を得る
- 物や活動の要求機能　　→　欲しいものがもらえたり，思いが採用されたりする
- 感覚要求機能　　　　　→　自分の好みの感覚が得られる
- 回避・逃避要求機能　　→　いやなこと，苦手なことをしなくてすむ

　3分割によって，気になる行動についての記録がより具体化され，子どもにかかわる大人の間で共通理解がしやすくなったと思います。きっかけを明記することで，気になる行動が起こりやすい場面を予測しやすくなります。結果や対応を明らかにすることで，今の対応法がどのようなものかも確認することができます。さらには，行動の機能を推測することが可能になり，ラベルからの当てはめの支援ではなく機能に応じたぶれない対応をすることが可能になります。

このような方法を用いた支援は，様々な学会発表や論文として，その成果が公になっています。また，科学的にもその成果が証明されています。こうした科学的な根拠にもとづく支援をするためにも，3分割して行動の意味を知るようになっていただきたいと思います。

2 発達障害とは

(1) 障害の概念

障害とは，個人の精神，身体における一定の機能が，比較的恒久的に低下している状態を言いますが，その概念は社会情勢とともに変化しています。

以前は何らかの要因でからだのしくみや認知能力がうまく働かず，生涯にわたってその状態が変わらないことのみで障害と判断されていましたが，現在では，そのような困難の結果として社会で生活するうえで不都合をこうむっている状態を指し示す言葉に変わっています。

ICFでは図2-1のように，人間の生活機能は「心身機能・身体構造」，「活動」，「参加」の三つの要素で構成されており，それらの生活機能に支障がある状態を「障害」ととらえています。「障害」を固定的なものととらえることなく，健康状態や環境因子との相互作用の中で起こる状態としていることに注意が必要

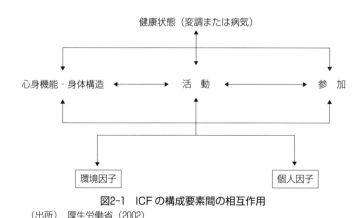

図2-1 ICFの構成要素間の相互作用
(出所) 厚生労働省 (2002)

です。

このようなことからも，個人因子や環境因子等とのかかわりなどもふまえて，一人一人の子どもの「困難」を把握し，それを改善・克服するためのかかわり方の方向性や関係機関等との連携のあり方などを検討することが求められます。

（2）一次症状としての発達障害特性

子どもの「困難」が個人因子と環境因子との相互作用で生起しているということは先ほどのICFの定義で述べたとおりですが，ここでは個人因子の中でも大きな要因となる発達障害の特性について考えることにします。

発達障害とは，発達期に起こる障害の総称となっていますが，文部科学省の定義では，LD，ADHD，高機能自閉症の三つを発達障害と定義しています。章末の表2-1に文部科学省の判断の基準を引用します。

文部科学省が定義する発達障害の判断基準は，医療での新しい診断基準と比較して，まだまだ古い考えのままになっているところがあります。医療における診断基準の一つである『DSM-5 精神疾患の診断・統計マニュアル』(2014)では，神経発達症／神経発達障害というように診断名が併記されています。新しい障害の概念に対する考え方が踏まえられ，困難を有する子どもをいきなり「障害」と診断するのではなく「症状」としてとらえようとする動きだと思われます。保護者や先生も「発達障害」という困難は生まれながらの一次的特性である症状としてとらえ，それらを含めた「個人因子」を理解することが重要になります。いずれにしても，上記の判断基準を繰り返し学び，生まれながらに生起するどうしようもない行動と誤学習から起こる行動とを明確に区別できるようにしたいものです。

（3）発達障害特性に起因する二次症状

これらの一次的な特性を正しく理解せずに，頭ごなしに叱りつけるといった不適切な対応を繰り返すことによって起こる状態が二次症状です（二次障害とも言われています）。齋藤（2009）によれば，二次症状には外在化する問題と内

在化する問題の二つのタイプがあり，外在化する問題（行動上の問題）としては，極端な反抗，暴力，家出，反社会的犯罪行為などや，他者に向けて表現する行為，たとえば反抗挑戦性障害，行為障害などがあります。内在化する問題としては，不安，気分の落ち込み，強迫症状，対人恐怖，引きこもりなどや，情緒的問題として，自己の内的な苦痛を生じる分離不安症，社会不安症，気分変調症，強迫性神経症などがあります。

　まさしく，発達障害特性という個人因子とかかわり方という環境因子との相互作用の中で深刻な困難の状態に陥っている例と言えるでしょう。したがって，子どもとかかわる際には生まれながらのやりにくさという個人因子を十分に考慮した配慮が求められます。わざとではない，保護者や先生を困らせようとしているのでもない，どうしようもなく起こす行動に対して頭ごなしに怒鳴りつける対応や叱責を繰り返すことは子どもを育てるどころか，深刻な二次症状に移行させます。保護者や先生など子どもにかかわる人々は，つねに最新の情報をもとに一次症状としての障害特性について学んでおく必要があります。そのうえで，上手に叱る，褒めることを繰り返し子どもとのかかわりの中で行うことが大切になります。

（4）発達障害と間違われやすい反応性愛着障害

　子どもにとって，つねに暴力をふるうような養育者と一緒にいるときには，安心して過ごせるどころか，いつ暴力をふるわれるかわからず，気を抜く間もないままに緊張した状態で過ごすことになります。いわば，心が休まる間がない状態が続くと言えます。その結果，過剰な覚醒状態を引き起こすことになり，生理的な緊張状態とハイテンションな気分の持続状態をきたすようになります。

　別のパターンでは，養育者からあまりかかわりを持ってもらえない状態（ネグレクト）で育ったとき，周りにまったく無関心な子どもになってしまうことがあります。この状態は，対人関係の希薄さという視点で，ASD（自閉スペクトラム症）とよく間違われています。DSM-5診断基準では「反応性アタッチメント障害」に分類されます。

ネグレクトの状態がそれほどひどい状態ではないときには、だれかれかまわずに人にくっつく子どもになり（DSM-5の「脱抑制的対人交流障害」），学童期には落ち着きのなさや集中困難として発現するので，ADHD（注意欠如・多動症）とよく誤解されています。

以上のような症状を総称して，反応性愛着障害とよびます。

反応性愛着障害の子どもとかかわる際に注意しなければならないのは，保護者等の養育者との間で愛着関係が形成されている子どもとは違い，愛着の再構築というマイナスからのスタートが求められる点です（杉山，2013）。

このような愛着に課題のある子どもはその原因論からアセスメントするのではなく，子どもが困難サインとして発信している行動から一刻も早く発見してあげてほしいと思います。そして，早急に支援を行い，「よくない行動⇒叱責⇒自尊感情の低下⇒さらによくない行動」といった悪循環による誤学習を重ねないようにする必要があります。かといって，なんでも褒めるだけの対応はこの子たちをさらに深刻な状態にするばかりです。かかわり方には計画が必要です。この子たちへかかわるときこそ，今できているよい行動に着目する勇気を持つことです。問題行動を有するASDの成人に対して，問題行動そのものに直接的に介入せず，対象者が今すでにできている社会的に望ましい行動に着目するという積極的行動支援を行った水内・成田・島田（2017）の研究においても，積極的行動支援を行った結果，問題行動はなくなり，一人で自立した生活ができるようになったことが報告されています。この報告でもわかるように，問題となる行動とその他の行動を明確に区別し，あえて問題となる行動に着目せず（無視），今すでにできている社会的に望ましい行動に着目して褒める（飴）ことで問題となる行動を減らしています。いわば「飴と無視」（植木，2011）ですね。何の計画も持たずに，その場の感情だけで怒ったり，褒めたりすることだけは避けたいものです。

3 発達障害のある子どもの保護者への支援

(1) 先生に求められる保護者支援の視点

　発達障害のある子どもへのかかわりのみではなく，先生には，保護者がわが子の障害特性を受容できるようにしたり，子どもの将来についての不安が和らぐようにしたりするなど，保護者の思いを受け止めて精神的な援助や養育に対する支援を適切に行うように努めることが求められています。

　保護者は一生涯にわたり発達障害のある子どもとかかわります。あるときには養育の自信をなくしたり，あるときには子どもの成長を喜んだりしながらもつねに子どもと向き合っています。場合によっては，養育のつらさを先生にぶつけてくる場合もあるかと思います。感情的になる保護者は，子育ての難しさに悩んだり，家庭内の不和に混乱したり，経済的な問題で困窮していたりしてストレスを抱え込んでいる場合も多いので，子どもの問題に直接触れていく前に，まず受容的な態度で保護者の悩みを聞いたり，保護者の話に共感したりして，信頼関係を作ることが重要です。

(2) プラスの環境を作るための保護者と教師の連携

　子どもたちがお互いの頑張りとよいところを見つけあうことで共通の理解と情報の共有をすることが大事になります。実際のかかわりとしては，具体的に子どもたちのよかったところを保護者に教えてあげてください。ここでも積極的行動支援の観点です。子どもにとっての保護者の養育態度というものは非常に大きな環境要因でもあります。子ども本人ばかりではなく，環境要因を変えるという視点も大切ですので，保護者が子育てに自信を持つことができるよう，子どものよいところを伝えることが重要ですね。

　また，学校で頑張っている先生というのは，頑張れば頑張るほど周りの先生と合わずに孤立してしまっている可能性があります。また学級崩壊などの課題のあるクラスを持つ担任は，あたかもそれが自分の指導方法が原因であると感

じて自分を責めていることがあります。私は学校を巡回する中で、子どもたちのサインだけでなく、そういった先生の顔を見ることがとても辛いです。ぜひ、笑ってほしいと思います。もちろん先生が原因ではありませんし、これは誰が悪いわけではありません。前述したような「誰も責めない支援」を心がけ、まずは頑張っている自分を責めず、子育てを頑張っている保護者を責めず、ともに同じ目標に向かって役割分担をしていくといった「連携」が重要だと思います。

4 支援の実際
　　――授業中に先生に反抗的な態度をとる小学校6年生の翔太くんの事例

（1）翔太くんが反抗的な態度をとるようになるまで

　小学校6年生の男子児童の翔太くん（仮名）の担任は、いつも翔太くんが反抗的な態度をとることで悩んでいました。担任は小学校5年生からの持ち上がりで、今年で担任を受け持ってから2年目になります。5年生のときは勉強もよくできて毎日登校していたのですが、もともとこだわりが強く、大好きなポケモンの話は夢中で一方的にするものの、興味のない話題にはまったく関心を示しませんでした。そのようなことからか友達は一人もおらず、毎日のように教室でポケモンの絵を描いて過ごしていました。また、ざわざわとした音が苦手で、全校集会やクラス全員での話し合いの場面ではイライラする様子が見られ、耳をふさいで机に伏せてしまうといったこともありました。

　5年生の2学期、教員研修で発達障害に関するテーマを学んだ担任はすぐに翔太くんの保護者を呼び出し、研修で学んだ発達障害に翔太くんが当てはまることを告げ、強引に医療機関を受診するように勧めました。母親は何となく育てにくさを感じており、しぶしぶ受診することを認めたのですが、父親は烈火のごとく怒り、担任との関係は非常に悪化してしまいました。

　その後、3学期に入り管理職の強い勧めもあり、受診した結果、「ADHD」

と診断され，受診時に受けた個別式知能検査（WISC-Ⅳ）からは，言葉を聞いて理解し，話し言葉で説明する力が，絵や図を見て理解し，書字やジェスチャー等の非言語で表現する力よりもかなり優れていることがわかりました。投薬等もなく，「様子を見ましょう」ということだったので母親は安心し，そのことを担任に告げました。

診断を受けて担任は，クラス全員のまえで本人の了解のないまま，「翔太くんはADHDという脳の病気があり，少しも集中することができない」といった間違った情報を発信し，翔太くんとの信頼関係はまったく崩れ，2月から学校に登校できなくなってしまいました。

その小学校では，5・6年生のクラス替えはなしということでそのまま同じ担任が持ち上がり，6年生になって心機一転登校した翔太くんに研修で学んだ「視覚支援」が有効と考え，「翔太くんの禁止10か条」と書かれた紙に「～しない」「～はダメ！」という否定的な言葉とともによくない行動をしている絵を描き，それに大きく×を付けた絵を教室に張り出しました。そのころから翔太くんは担任に反抗的な態度をとるようになり，ついには頻繁に教室から勝手に出ていくといった気になる行動をするようになってしまいました。

（2）翔太くんの行動の意味と対応

困り果てた担任は学校の特別支援教育コーディネーターに相談し，私がその学校に呼ばれることになりました。

私が教室で1時間授業を観察させていただく中で，翔太くんは3回教室を飛び出していきました。それらの行動が起こるときは必ず，翔太くんは出された課題を見て「う～ん」と悩み，プリントをぐしゃぐしゃに丸めてから「いやだ～」と大声をあげて教室から出て行っていました。翔太くんが出て行ったときには担任が追いかけ，わざわざ「翔太くんの禁止10か条」を小さくしてラミネートしたカードを示し，「出て行ったらだめでしょ！」と大きな声で叱っていました。そうこうするうちに，みんなが課題を完成させると，翔太くんは黙って教室の椅子に座っていました。

図2-2　翔太くんの気になる行動の3分割

　翔太くんの行動を3分割すると図2-2のようになりました。そして翔太くんが教室から出て行く行動のところに吹き出しをつくって翔太くんの気持ちを書いてみると「難しくてやりたくないよ」「この課題は興味がないよ」といった言葉が入りました。

　授業を終えた担任と話し合いの時間を持ち，翔太くんが教室を飛び出す意味は「反抗」ではなく，「回避・逃避」の意味があること，否定の言葉では行動が変わらないばかりか，余計に悪循環を起こすことなどを説明しました。そこで担任は翔太くんに「問題がわからないときやあまり興味が持てないときには挙手をして先生に伝える」ことで「別の課題がもらえる」「ヒントをもらえる」という結果になることを伝えました。また，黙って教室を出ようとするときには「挙手して先生に質問しなさい！」と毅然として叱ってもらうようにしました。そして，ヒントをもらって課題ができたときや，先生からもらった別の課題を教室でできたときにはシールを1枚紙に貼ってもらい，そのシールが20枚たまれば，翔太くんの大好きなポケモンカードを保護者に買ってもらうというルールを口頭で説明し，保護者にも了解を得てもらいました。ただ，それでも教室から勝手に飛び出したときには1枚シールをはがすというルールもつけておきました。

　夏休み前には担任の指示に従うことで褒められることがうれしく，一度も教室から出ることもなく，非常ににこやかな表情で過ごす翔太くんの姿に変わりました。

〈文　献〉

American Psychiatric Association　髙橋三郎・大野裕（監訳）　2014　DSM-5

精神疾患の診断・統計マニュアル　医学書院
厚生労働省　2002　「国際生活機能分類―国際障害分類改訂版―」（日本語版）の厚生労働省ホームページ掲載について（https://www.mhlw.go.jp/houdou/2002/08/h0805-1.html　2019年2月25日閲覧）
水内豊和・成田泉・島田明子　2017　自閉症スペクトラム障害のある成人に対する積極的行動支援の一事例　LD研究, **26**(1), 72-79.
文部科学省　1999　学習障害児に対する指導について（報告）（http://www.mext.go.jp/a_menu/shotou/tokubetu/material/002.htm　2019年4月23日閲覧）
文部科学省　2003　今後の特別支援教育の在り方について（最終報告）（http://www.mext.go.jp/b_menu/shingi/chousa/shotou/054/shiryo/attach/1361204.htm　2019年4月23日閲覧）
小笠原恵（編著）　2010　発達障害のある子の「行動問題」解決ケーススタディ　中央法規出版
齋藤万比古（編著）　2009　発達障害が引き起こす二次障害へのケアとサポート　学習研究社
島宗理　2000　パフォーマンスマネージメント　米田出版
杉山登志郎（編著）　2013　講座　子ども虐待への新たなケア　学研教育出版
植木理恵　2011　シロクマのことだけは考えるな！　新潮文庫
山本淳一・池田聡子（編）　2005　応用行動分析で特別支援教育が変わる　図書文化社

表2-1 文部科学省による発達障害の判断の基準

LD（学習障害）
A．知的能力の評価
1．全般的な知的発達の遅れがない。
　個別式知能検査の結果から，全般的な知的発達の遅れがないことを確認する。
　知的障害との境界付近の値を示すとともに，聞く，話す，読む，書く，計算する又は推論するのいずれかの学習の基礎的能力に特に著しい困難を示す場合は，その知的発達の遅れの程度や社会的適応性を考慮し，知的障害としての教育的対応が適当か，学習障害としての教育的対応が適当か判断する。
2．認知能力のアンバランスがある。
　必要に応じ，複数の心理検査を実施し，対象児童生徒の認知能力にアンバランスがあることを確認するとともに，その特徴を把握する。
B．国語等の基礎的能力の評価
○国語等の基礎的能力に著しいアンバランスがある。
　校内委員会が提出した資料から，国語等の基礎的能力に著しいアンバランスがあることと，その特徴を把握する。ただし，小学校高学年以降にあっては，基礎的能力の遅れが全般的な遅れにつながっていることがあるので留意する必要がある。
　国語等の基礎的能力の著しいアンバランスは，標準的な学力検査等の検査，調査により確認する。
　国語等について標準的な学力検査を実施している場合には，その学力偏差値と知能検査の結果の知能偏差値の差がマイナスで，その差が一定の標準偏差以上あることを確認する。
　なお，上記A及びBの評価の判断に必要な資料が得られていない場合は，不足の資料の再提出を校内委員会に求める。さらに必要に応じて，対象の児童生徒が在籍する学校での授業態度などの行動観察や保護者との面談などを実施する。
　また，下記のC及びDの評価及び判断にも十分配慮する。
C．医学的な評価
○学習障害の判断に当たっては，必要に応じて医学的な評価を受けることとする。
　主治医の診断書や意見書などが提出されている場合には，学習障害を発生させる可能性のある疾患や状態像が認められるかどうか検討する。
　胎生期周生期の状態，既往歴，生育歴あるいは検査結果から，中枢神経系機能障害（学習障害の原因となり得る状態像及びさらに重大な疾患）を疑う所見が見られた場合には，必要に応じて専門の医師又は医療機関に医学的評価を依頼する。
D．他の障害や環境的要因が直接的原因でないことの判断
1．収集された資料から，他の障害や環境的要因が学習困難の直接的原因ではないことを確認する。
　校内委員会で収集した資料から，他の障害や環境的要因が学習困難の直接の原因であるとは説明できないことを確認する。
　判断に必要な資料が得られていない場合は，不足の資料の再提出を校内委員会に求めることとする。さらに再提出された資料によっても十分に判断できない場合には，必要に応じて，対象の児童生徒が在籍する学校での授業態度などの行動観察や保護者との面談などを実施する。
2．他の障害の診断をする場合には次の事項に留意する。
　注意欠陥多動障害や広汎性発達障害が学習上の困難の直接の原因である場合は学習障害ではないが，注意欠陥多動障害と学習障害が重複する場合があることや，一部の広汎性発達障害と学習障害の近接性にかんがみて，注意欠陥多動障害や広汎性発達障害の診断があることのみで学習障害を否定せずに慎重な判断を行う必要がある。

発達性言語障害，発達性協調運動障害と学習障害は重複して出現することがあり得ることに留意する必要がある。
　知的障害と学習障害は基本的には重複しないが，過去に知的障害と疑われたことがあることのみで学習障害を否定せず，「Ａ．知的能力の評価」の基準により判断する。

ADHD（注意欠陥／多動性障害）

　以下の基準に該当する場合は，教育的，心理学的，医学的な観点からの詳細な調査が必要である。
Ａ．以下の「不注意」「多動性」「衝動性」に関する設問に該当する項目が多く，少なくとも，その状態が6カ月以上続いている。
○不注意
　学校での勉強で，細かいところまで注意を払わなかったり，不注意な間違いをしたりする。
　課題や遊びの活動で注意を集中し続けることが難しい。
　面と向かって話しかけられているのに，聞いていないようにみえる。
　指示に従わず，また仕事を最後までやり遂げない。
　学習などの課題や活動を順序立てて行うことが難しい。
　気持ちを集中させて努力し続けなければならない課題を避ける。
　学習などの課題や活動に必要な物をなくしてしまう。
　気が散りやすい。
　日々の活動で忘れっぽい。
○多動性
　手足をそわそわ動かしたり，着席していてもじもじしたりする。
　授業中や座っているべき時に席を離れてしまう。
　きちんとしていなければならない時に，過度に走り回ったりよじ登ったりする。
　遊びや余暇活動におとなしく参加することが難しい。
　じっとしていない。または何かに駆り立てられるように活動する。
　過度にしゃべる。
○衝動性
　質問が終わらないうちに出し抜けに答えてしまう。
　順番を待つのが難しい。
　他の人がしていることをさえぎったり，じゃましたりする。
Ｂ．「不注意」「多動性」「衝動性」のうちのいくつかが7歳以前に存在し，社会生活や学校生活を営む上で支障がある。
Ｃ．著しい不適応が学校や家庭などの複数の場面で認められる。
Ｄ．知的障害（軽度を除く），自閉症などが認められない。

高機能自閉症

　以下の基準に該当する場合は，教育的，心理学的，医学的な観点からの詳細な調査が必要である。
Ａ．知的発達の遅れが認められないこと。
Ｂ．以下の項目に多く該当する。
○人への反応やかかわりの乏しさ，社会的関係形成の困難さ
　目と目で見つめ合う，身振りなどの多彩な非言語的行動が困難である。
　同年齢の仲間関係をつくることが困難である。

楽しい気持ちを他人と共有することや気持ちでの交流が困難である。
【高機能自閉症における具体例】
友達と仲良くしたいという気持ちはあるけれど，友達関係をうまく築けない。
友達のそばにはいるが，一人で遊んでいる。
球技やゲームをする時，仲間と協力してプレーすることが考えられない。
いろいろな事を話すが，その時の状況や相手の感情，立場を理解しない。
共感を得ることが難しい。
周りの人が困惑するようなことも，配慮しないで言ってしまう。
○言葉の発達の遅れ
話し言葉の遅れがあり，身振りなどにより補おうとしない。
他人と会話を開始し継続する能力に明らかな困難性がある。
常同的で反復的な言葉の使用または独特な言語がある。
その年齢に相応した，変化に富んだ自発的なごっこ遊びや社会性のある物まね遊びができない。
【高機能自閉症における具体例】
含みのある言葉の本当の意味が分からず，表面的に言葉通りに受けとめてしまうことがある。
会話の仕方が形式的であり，抑揚なく話したり，間合いが取れなかったりすることがある。
○興味や関心が狭く特定のものにこだわること
強いこだわりがあり，限定された興味だけに熱中する。
特定の習慣や手順にかたくなにこだわる。
反復的な変わった行動（例えば，手や指をぱたぱたさせるなど）をする。
物の一部に持続して熱中する。
【高機能自閉症における具体例】
みんなから，「○○博士」「○○教授」と思われるほど特定の物事に詳しい（例：カレンダー博士）。
他の子どもは興味がないようなことに興味があり，「自分だけの知識世界」を持っている。
空想の世界（ファンタジー）に遊ぶことがあり，現実との切り替えが難しい場合がある。
特定の分野の知識を蓄えているが，丸暗記であり，意味をきちんとは理解していない。
とても得意なことがある一方で，極端に苦手なものがある。
ある行動や考えに強くこだわることによって，簡単な日常の活動ができなくなることがある。
自分なりの独特な日課や手順があり，変更や変化を嫌がる。
○その他の高機能自閉症における特徴
常識的な判断が難しいことがある。
動作やジェスチャーがぎこちない。
C．社会生活や学校生活に不適応が認められること。

（出所） LDについては文部科学省（1999），ADHDと高機能自閉症については，文部科学省（2003）（それぞれ一部改変）

第3章　スクールカウンセラーから見た「学校」
―― 見えにくいドミナント・ストーリー

廣瀬幸市

1　複雑化する学校現場

　現在，初等教育・中等教育の別を問わず，学校を取り巻く環境は複雑です。スクールカウンセラーがはじめて配置された1995年と比べれば，その差は歴然でしょう。不登校やいじめ問題に止まらず，すっかり定着した感のある発達障害を疑われる児童・生徒への対処とインクルーシヴ教育への対応。格差社会がもたらす児童・生徒の貧困問題や，外国人労働者家庭の多い地域に顕著になる多文化教育の必要性。教師の方へ目を転じれば，元々構造的に存在していた部活顧問問題に止まらず，近年多忙化を強いる学習達成（学校管理）評価などの報告書作成や保護者対応などの外部対応により，ブラック化と称される労働環境が明らかになってきています。そして保護者・地域を巻き込んでイベント化する学校行事の無自覚な増殖に見られる「教育の病」の問題へとその裾野はますます広がっています。

　このように複雑化・錯綜していく学校教育現場の中に入っていき，「チーム学校」の一員として協働することを要請されるスクールカウンセラーは，内閣諮問機関や文科省諮問機関より次々に打ち出される諸プランに応じて，これまでの働き方の変質を余儀なくされていくことになりそうです。そのような意味で，本章ではスクールカウンセラーから見た学校を論じてみたいと思いますが，ここでのスクールカウンセラーの視点は本章が書かれた現時点までの先人たちが積み上げてきた学校臨床心理士（臨床心理士でスクールカウンセラーを務めて

いる者）の視点を主に基盤とします。その上で，スクールカウンセラー志願者を養成している筆者の個人的な見解も述べてみたいと思います。

2 スクールカウンセラー養成の現場で

（1）学校臨床実習で見えてきたこと

　はじめに，スクールカウンセラーを養成している現場において語られているナラティヴを見ていくことにしたいと思います。そのためにそのナラティヴとそれを取り巻く状況を事例という形式で取り上げてみます。なお，事例提示に関しては，本質を歪めない範囲で複数の類似した事例を合成したものを提供することにするので，単一の具体事例と見做して問題視することがないようお願いします。

　ある地方都市の小学校に，教師志願者としてではなくスクールカウンセラー志願者として実習（当の学校現場ではボランティア並みの扱いである）に入った学生たちの話です。実習先の学校は，保守的な意識の風土にあり，当該の地域に古くから住む住民の子どもたちと，父親の勤務の関係で別の地方から集合住宅に移り住んだ核家族の住民の子どもたちとの混成で大半のクラスが形成されています。実習生を現場に受け入れてもらう取り組みは複数年経過しているので，複数年同校に勤務されている教師や上学年の児童たちは実習生を違和感なく受け入れています。しかし，新入生や新任の教師には新学期が始まったばかりのころは，彼女たちの受け入れを巡って多少の戸惑いを覚える人もいて，毎年新たに現場に入る新学年の実習生たちはまず自分たちの存在と役割を周知して回ることから始めることが多いです。だいたい一学期間をかけてゆっくりと受け容れの定着を図る過程で，彼女たちは当初の衝撃を吸収消化して自身の心構えを形成していきます。一人一人の体験プロセスは各々個別的であるのですが，大抵はどの学年も大過なくある程度の範囲内で収まるような過程を辿っていくように見えます。そして，一年の実習を終えるころには，一通りの学校行事を経験して，学校がどのような流れで運営されていくのかだいたいの感覚を摑ん

で，現場を後にすることになります。

　顔ぶれは変われどもこのような全体の体験プロセスの学びを繰り返す中で，毎年とは言えない頻度ではありますが，次に紹介するような違和感や問いを発する者たちが出てきます。彼女らの見解は数の上ではけっして主流ではありませんが，それでも本質的な面をそこから照射することのできる意見であり，無視したり遠ざけたりすべきものではないように思います。そこで，本章ではそういったもののいくつかを拾い上げて紹介することにしたいと思います。

（2）発達障害の見立てをめぐって

　しばしばスクールカウンセラーと教師とでは同じ児童生徒に対して異なる見方をしていることが認識されていますが，そのようなカテゴリに入る一事例です。ある実習生は，あるクラスの児童たちを参与観察しながら見守る中で，彼女の目から"気になる子"への懸念を持ち続けていました。PM理論で言えばP優位（リーダーシップを発揮する）型の担任が運営するクラスでは，授業中はよく統制が行き届いていて学習環境が整っており，担任は優秀で真面目な児童に人気がありました。当該クラス自体，高学年になっていることもあり全体的にも落ち着いた雰囲気を呈していました。そのような中で，花子ちゃん（仮名）は授業中もどことなく"心ここにあらず"といった風情で，授業内で取り組む課題をその時間内に終えることができないので，放課後の時間に居残りで終わらせることが多かったのです。チームティーチングの授業では，個別支援を受ける"常連"になっていました。同級生とのかかわりも多くはなく，彼女らの話にあまりついていけていない印象を受けたと言います。また，教室に飾ってある工作や，彼女と個別に話したときの話の内容からも幼い印象を受けると言うのです。学習障害ではないと思われるものの，発達障害の疑いを拭い切れない思いに囚われた実習生が，担任との振り返りの時間を利用してその懸念を打ち明けてみたところ，担任からのレスポンスは「彼女は発達障害ではない」し，当面の学習において問題のない子である，というものでした。担任の揺るぎない態度に直面して，彼女は自分の見立てが間違っているのだと見方を修正し，

後日スーパーヴィジョンで指摘されるまで，そのことに気づくことはありませんでした。

（3）教師の文化風土

　次の事例は，スクールカウンセラーが学校教育現場に入りだした初期に全国で異口同音に聞かれていた事象の変奏です。教育実習のように正規課程の形式を整えていない本実習においても熱心に対応してくださる担任あるいは主任に対して，何かしら自分たちの取り組みが教師あるいは児童たちにも有益なものであることを証明しなければならないような気持ちになっていたある実習生は，一日の終わりの実習報告の場面で，担任が不在の時間に見聞した児童の様子を伝えて，自分なりの見立てを伝えたところ，その発言が批判として（否定的に）受け取られることが何度か続いたと言います。実習生は自らの発言を振り返り，何がいけなかったのか自問しましたが，しばらくの間はその答えがわからず苦しんだと言います。教員免許取得で教育実習に行ったことのない学生にとっては，教師の文化風土を体感したことがないため，ともするとこの種の擦れ違いが生じることは少なくありません。筆者がコーディネーターの仕事で，学校教育現場の管理職や教育委員会などの教育行政の職にある元々教師出身の方に話を伺っている折にも，この類の話をよく耳にします。

　また別の事例ではありますが，授業研究の熱心な担任のクラスに入ったある実習生が，授業以外の学校生活の様子から家庭でのケアが十分ではないのではないかと思われる児童のことが気になり，その子どもの家庭背景などへの質問をしたところ，担任は露骨な表情をした訳ではないものの，教育相談のような働きかけはハッキリとしたエビデンスでもない限り進んでは行わないという個人的信条を語られ，遠回しに踏み込まざる"聖域"を示されたと言います。彼女は担任の仕事の優先事項を理解するとともに，個々の児童への教育相談的かかわりは言わば"過剰な（余計な）サービス"と見做されているような気がして，自分の実習でのかかわりはあまり評価されていないのではないか，という思いに囚われたと言います。

（4）学校と地域

　さらに次のような事例もありました。地域に開かれた学校を実践している教職員は保護者に対してだけでなく地域の会合でもアカウンタビリティを果たしており，最近では学力向上の取り組みも始めたと言います。この学校の行事は年々活発になってきており，地域にも開放される発表会は運動会に止まりません。昨今聴かれるようになった「二分の一成人式」のイベントに個人的に参加した実習生は，後日，個人的な印象として，「先生方あるいは学校ぐるみで少々，保護者方の"なんとなくの嗜好"に合わせ過ぎているのではないか」と語りました。これなどは昨今の学校現場に浸透してきている「私事化」の現象にまつわるディスクールの例と見ることができるのではないでしょうか。

　これらの事例は，いわば何処の学校教育現場にも見られる現象であって，筆者の目の及ぶ地域に限定された特別な事例ではけっしてないことを強調しておきたいと思います。というのは，昨今の我が国の学校現場の置かれている状況は，多少の地域差はあっても本質的には通底する問題が複雑に絡み合って形成されているからです。これについては次節で論じてみたいと思います。そして，同じ現場に入っていても，立場や視点ひいては価値観が異なる専門職（示した事例では見習いではあるが）においては，一つの事象に対して異なる意味づけを行うということも，併せて強調しておきたいと思います。

（5）多義性の中で

　ともすれば「チーム学校」時代の連携・協力が唱道される仕事環境にあって，"共通の目的"に向かって皆が取り組むという"光の側面"に目が奪われがちですが，その"陰の側面"にはお互いの共通理解に回収されない異物の要素（他者性あるいは外部性）が必ず付き纏っています。その重なり合わない部分は，専門職の数が多くなるほど必然的に多くなります。そのような重なり合わないものは，コラボレーションが賞揚される時代の風潮の中にあって，ともすると知らず知らずのうちに無視したり排除しようとしがちです。「子どものため」という錦の御旗は同じでも，それを実現するための着眼点と見立て，方法論・

アプローチは専門職によってまったく異なります。従来，スクールカウンセラーの養成において，職業としての専門性を習得するという観点に関しては，実践と反省からの学びという往還の過程の中で十分に議論されてきたところです。しかし，個々の具体的場面に即してよくよく見てみると，教師の価値観（教育観）およびスクールカウンセラーの個性といった多様性の幅では説明しきることができない事象も出てきてしまいます。先の事例は本当に些細な事象に過ぎないように見えますが，よくよく考えてみると，どちらが正解なのか（子どものためになっているのか）簡単に判定ができない多義性をもっています。何をもって「子どものため」とするか，については，立場が変われば，このような擦れ違いが生じます。恐らく各々の立場が自分の専門職に自負があるほど，その摩擦は個人的な社交辞令でやり過ごすことが難しい程度に発展するでしょう。

中央教育審議会（2015）による「チームとしての学校の在り方と今後の改善方策について」の答申の中で，「個々の教員が個別に教育活動に取り組むのではなく，校長のリーダーシップの下，学校のマネジメントを強化し，組織として教育活動に取り組む体制を創り上げるとともに，必要な指導体制を整備する」と決められてはいますが，「チーム学校」の取り組みに関するその具体については，学校長の裁量に委ねられているところが大きい訳で，スクールカウンセラーやスクールソーシャルワーカー等の専門職は，学校長の意向を汲んで個別・具体的に対応すればよい，と極論することもできなくはありません。しかし，いくら学校長裁量とは言っても，保護者の同意や，当該学校の置かれた地域における合意という目に見えにくい同意を得られない学校経営は進めづらいという意味では，現代という複雑な時代背景の目に見えない影響を免れることはできない訳です。そこで，次節では学校教育現場を取り巻く複雑な現代事情を概観しておくことにしましょう。

3　現代の学校を取り巻く複雑な事情

冒頭に述べたように，近年の学校教育現場を取り巻く環境は厳しさを増して

おり，どの問題一つを取り上げても安易な対症療法では改善を期待できない状況を呈しています。学校教育現場そのものの持つ構造的背景（第4章参照）や，発達障害にかかわる現代的諸状況（第2章参照）に関しては，他章に委ねることにして，本章では主にいじめ問題に注目して考察を深めてみたいと思います。その過程で先述したインクルーシヴ教育および多文化教育，あるいは「教育の病」へと論点がつながってくるはずです。

（1）いじめに関する説明モデル

スクールカウンセラーがいじめ問題に対応する場合，「いじめという人間関係現象自体の特質特性を十分に理解すること，いじめへの気づきや感受性を向上させること，そして現実の児童生徒関係者に関わる技能を習熟させること」の3点が重要だと言います（福田，2014）。本章はスクールカウンセラーとしての対応を学ぶことが趣旨ではないので，学校の置かれた複雑な事情を理解するために役立つと思われる最初の論点，すなわち「いじめという人間関係現象自体の特質特性を十分に理解すること」に照準を定めてみたいと思います。

これまで臨床心理士は様々にいじめ問題を考えてきました。それらはいずれも学校現場で子どもたち・教師・保護者を始めとする関係者にいかにかかわるかという視点，たとえば4層構造（森田，1986），羅生門的事実で引き起こされる現代型いじめ（本間，2008），閉鎖的不本意集団（田嶌，2014）等，から考えられてきたものばかりです。また，いじめの進行を3段階（「孤立化」「無力化」「透明化」）ととらえた中井（1997）の説は，斎藤（2016）の論説の骨子を成していますが，他の論者にも引用されており，現在でも古びていません。

これら各種の説明モデルを概観していくことは学校教育現場に入っていじめの問題に取り組むスクールカウンセラーには必須の作業ではありましょうが，本章では学校のナラティヴを考えていく上で必要なもののみに触れることに止めたいと思います。今，これらの説明モデルの背景になる実際の社会・文化・政治経済状況に目を遣ると，これらの説が成立してきた年代の間にも随分と様相が変わってきていることについては，いちいち論者を挙げなくとも大方同意

されるでしょう。大きな流れとしてよく指摘されるのが，新自由主義経済の浸透に伴い政治にも大きな影響を及ぼしているグローバル化現象です。各国各地域のローカル文化を呑み尽くして何処も似たようなものに作り替えただけに止まらず，社会の仕組みを動かす人々のルール作りとその問題意識をも確実に変質させています。そのような構造的変質の影響を確実に受け取って無自覚に反応している姿としてもっとも現れやすいのが，いつの時代も子どもたちです。大人たちが時代の流れに抗しきれず新しい基準に衣替えしている中で，しかと自覚しづらくそれとは気づきにくい生きづらさは，多くの場合，真っ先に子どもたちの形成する社会に現れます。子どもたちの問題行動はその時代の社会の空気をもっとも敏感に反映している，というメカニズムは，経験豊かな心理臨床家であればよく知る臨床的事実です。この意味で，子どもたちの問題行動を時代の病理というメッセージ・レベルで受け取るように，学校にかかわる子どもたちのナラティヴを聴くことができるということがとても重要だとわかります。

（2）群生秩序のメカニズム

このような理解の下で，現代社会に生きる目の前の子どもたちに接していくに当たって，見通しがよい説明モデルを見ていきたいと思います。内藤（2016）は，自身がこれまで公表してきた説明モデルを進化論の視点にまで高めた仮説を提唱しています。関心のある読者は是非とも原著に当たっていただきたいですが，差し当たって本章に必要な範囲に止めて概観することにしたいと思います。社会構造を解明するために精神分析理論をも組み込んだ彼の説明モデルの中で秀逸なのは，「群生秩序」のメカニズム解明でしょう。内藤（2009）が「人々をこのように狭い生活空間に囲い込んだ上で，生徒が全人的に関わり合わないでは済まぬよう，個が群れから自由に距離を取ることがないよう，互いのありとあらゆる気分や振る舞いが互いの運命を左右するよう，細かい強制的な仕組みを張り巡らす」と記述した学校空間の特殊性が，生徒個人の本来の性格傾向や心理状態とはかけ離れた「群生秩序」を教室空間の中にもたらします。

この環境下では，道徳心を持った生徒までも，ごく自然にいじめに加担させられることになる，と彼は指摘しています。

　この現象を彼は，心理過程と社会過程とが形成を相互に誘導し合う IPS（Intrapsychic-Interpersonal-Spiral）というモデルで説明していますが，この IPS とは，集団内部での現実感覚と秩序をもたらし個人の行動を変容させるメカニズムのことです。"友達と群れていると怖いものがなくなり，気が強くなり，安心して暴走し，いじめが止められなくなる"と言う生徒や，友達が嫌いといったいじめ対象生徒への感情が自分に"感染って"しまうと言う生徒のことを理解するには，行為や感情が個人固有のものであるという一般的通念では論理が通らないことになってしまいます。人が群れている場の情報が"ノリ"として，ある人の心的メカニズム作動系をある内的モードから別のモードに切り替えさせ，切り替わった人々が彼らの"ノリ"で今度は別の人の内的モードあるいは心的メカニズムの変化を誘導するという，フィードバック・ループ構造を想定してはじめて，社会現象と心理的メカニズムとをつなげて矛盾なく考えていくことができるのです。たとえば，社会心理学の監獄実験における嗜虐行為，捕虜収容所や刑務所におけるリンチや恐怖政治，民族紛争等におけるジェノサイドに見られるように，ある条件下において人が群れて怪物になると表現できるような人間の暴力性の構造までも説明することが可能です。この群生秩序という言わば局所的な特殊形態に過ぎなかったシステムは，その上位社会のルール構造の影響を受けて，市民社会的な制度・政策的マクロ環境の下では抑え込まれていますが，構造的に共同体を強いる制度・政策的マクロ環境の下では異常な形で繁茂して，生態学的に見ても他の秩序形態を圧倒して蔓延することになります。しかも，この心理−社会的秩序は，我が国固有のメカニズムではなく，ヒトという種に共通して見られる特異な集団現象を現出させます。このような普遍的な仮説にまで射程を拡げた説明モデル（内藤，2016）ですから，現代社会に生きる子どもたちのいじめ現象を眺めていく上でおおいに助けになるでしょう。

（3）いじめの構造

　この視点からすれば，新自由主義的経済の秩序が一強状態にあって勝者にますます有利な社会ルールを強制する大人たちの現代社会の言わば下位社会として，子どもたちの社会は見えない影響下における秩序システム間のせめぎ合いを生態学的には繰り広げている，と見ることができます。このように見たとき，グローバル化した現在の一強状態の上位社会から，一体どのような下位社会の生態学的な秩序のバランス状態（生態学的布置）が形成されてくるでしょうか。容易に想像できることではありますが，市民社会的な秩序が中心的な地位を占めることはないでしょう。そうではなくて，このような状況下においては，「『いま・ここ』のノリを『みんな』で共に生きるかたちが，そのまま，畏怖の対象となり，是／非を分かつ規範の準拠点になるタイプの秩序」（内藤，2009）である「群生秩序」が優勢となり，市民社会的な普遍性を志向する価値観を持つシステムを一蹴するという，生態学的布置が形成されるのです。それゆえ，ノリこそが神聖にして侵すべからざるものであり，その空気が読めない者はKYとして忌み嫌われ，排除あるいは攻撃の対象とされます。そのような秩序に生きている子どもたちからすれば，スクール・カーストが存在するのは当然であり，いじめはノリを確かめ合うための言わば「祝祭」として遊び感覚で行われる（内藤，2009）のです。彼らのこのような価値観を認めず，人間的尊厳等の普遍的価値観を説くような者はたとえ教師であっても睨みつけ，機会があれば逆襲に打って出る心理的準備状態になっています。このような秩序状態に全身を浸して生きている子どもたちは，大人たち以上に現代社会に適応的に生きているのであって，幼稚・未熟で物事の道理（道徳）がわからないからそうしている訳ではないのです。ある特殊な形態の秩序システムが優勢となる社会においては，中間的集団を維持する上でいじめが言わば不可欠となります。善悪とは別次元で，生態学的にその環境で適応しやすいシステムが蔓延しているに過ぎないのです。ここに"キャラとしての承認"問題（岩宮，2016）を含めて考えれば，より一層事態は重層化して浮かび上がって見えてきます。

（4）子どもとソーシャル・メディア

　そのことがよりわかりやすいのはネットいじめの方かもしれません。ラインを始めとするソーシャル・メディアにおけるモラル形成は，大人たちの世界においても現在進行形で，成熟しているとは到底思えない状態にあります。そのような中，大人社会の模範もない手探り状態で子どもたちは自分たちのネットワーク作りに翻弄されているように見えます。彼ら彼女たちは「イツメン（いつものメンバー・グループ）」だけで繋がっており，それ以外のクラスメイトは言わば"存在しないも同然"と見做されていること，学校でのイツメンは友達とは限らないこと（岩宮，2015）は広く知られるようになってきましたが，今や，直に会って話すときの関係とラインでの遣り取りで展開される関係とがまったく別物で，彼・彼女たちの「キャラ通りに振る舞う」という予定調和を乱した場合にはネット上ではいじめ・敵対関係にありつつ，クラスで顔を合わせたときには笑顔で話すという子どもたちが報告されるのも，驚くような現象ではなくなってきています。思春期特有の「承認欲求」は，とりわけ若い世代においては切実です（斎藤，2013）。教室空間を離れても，SNSで現出するコミュニケーション空間では，いじめの不透明化，不可視化はさらに手が込んだものになっており，お笑い文化の「いじり」が巧妙に流通して，"予めいじめを否認・隠ぺいするバイアスが掛かっている"（斎藤，2016）のです。思春期の子どもたちにとって仲間からの承認は元々，自分のアイデンティティ再形成のために不可欠の契機です。他者からの承認による自己有用感が賞揚されている近年ですが，その承認内容は教師が考えているような向社会的なものばかりとは限りません。仲間同士の結束を高めるものであれば（"ノリ"が維持されるのであれば），市民社会的な倫理に則らなければならない法はありません。まして，お笑い世界の中で大人たちもしているならば，その運用の許容範囲を云々されることなど，彼らにとってみれば心外な体験にしか感じられないでしょう。

（5）文化土壌としての市民社会

　このように，学校を取り巻く現代の複雑な問題の数々はどれも地下茎で，こ

れまで見てきたいじめの構造とつながっていることがわかってきたのではないでしょうか。紙数の関係で詳細に見ることはできませんが，インクルーシヴ教育も多文化教育も西欧諸国から輸入しようとしている思潮・政策ではありますが，輸入元には市民社会という暗黙の前提がしっかりと根づいています。市民社会的な土壌が育っていない我が国では，多様な個性，多様な文化，多様な価値観を認め合う関係作りを育成するところから始めなければなりません。しかし，近代以前まで続いてきている支配-被支配関係の中で秩序を保ってきた長らくの習慣を脱するのは思うほど容易ではありません。今や全世界的に席巻している一極支配体制を内包した現代社会において，市民社会的な風土がない文化土壌では群生秩序が元々の勢いを取り戻して，個を尊重した上でのユニバーサル・デザインで世界を描くことは，「絵に描いた餅」のように困難であることが容易に想像できます。個性が尊重されない風土の下では，個々の子どもたちの個性や家庭背景事情は我儘と見做されやすく，同調圧力の強い学級経営の中で「自己責任」の掛け声の下，無視されるか排除されるかして，やがて「透明化」されてしまいます。いじめとは異なる人間関係を構築するはずの教室空間で，かえっていじめと同型のメカニズムが働くことで，その教育が目指したものからほど遠い，言わば"もどき"のような状態が生み出されるのです。

(6) 学校イベントと人々の意識

　また，これとは違った角度から照射できるのが，運動会イベントです。学校教育における柔道事故，組体操，運動部における体罰など，主に"教育リスク"について研究を続けている内田 (2015) の論に沿って，主として組体操を例に取り上げて，同型のメカニズムを見出してみたいと思います。彼は，学校教育における「感動」と「美談」の裏側に潜む闇として，"子どものために"という「善きもの」を追い求めることによって，その裏側に潜むリスクが忘れ去られてしまうこと，そして，そのリスクを乗り越えて実現されるものを必要以上に「すばらしい」こととしてとらえてしまうことによって，"教育の病"が起きていると論じています。実際に落下事故を起こして重大な障害を負う児童生徒が存

在しているというリスクを知りつつも見ないようにしてきた，という根深い実態が，彼の問題提起に伴って全国で次第に明らかになってきました。次第にエスカレートする組体操が「感動系スペクタクル」として，子どもの保護者だけでなく，地域の人々が見に行って，鑑賞あるいは評価する対象になっている，という地域も少なくないと言います。そして，教育リスクが問題になって組体操のエスカレートを止めようとする動きに対して，保護者からも批判の声が上がり，推進している教師が擁護されるという動きが起こっているとの報告もあります（内田・大内，2016）。内田のエビデンス・ベースト・アプローチによる論立てにより，実際の危険性が理解されるようになってきて，ようやく全国各地の市区町村の教育委員会で制限を加えるようになってきましたが，ソーシャル・メディアなどのつぶやきレベルでは今でも感動の思い出をノスタルジックに書く人が絶えないと言います。対談者の大内は，そのような風潮を新自由主義の進行に伴い保護者や地域住民の「消費者」化が進んでいる構造だと指摘して，学校側が「消費者」＝「観客」の期待に応えようとして運動会に「見せ場」を入れなければと考えていることの表れととらえています。そして，保護者や地域住民の「消費者」化と，それに応えようとする学校の姿勢とが合わさっていることが重要な要因である，と指摘しています。

　彼らは，二分の一成人式にも同じ論理が働いていると喝破していますが，そこに留まらず，「親の満足」を得ないと教育実践や学校運営がうまくいかないところまで学校や教師が追い込まれる状況が社会に生まれてきつつあることを憂慮しています。それらのイベントでは，感動や一体感という居心地のよさが勝って，感謝の手紙を書きたくない子どもたちや「感動の演出」に耐えられない子どもたちもいるという，負の側面が蓋されてしまっています。しかしながら，そのような構造を見抜くことは，いじめ問題の構造を見抜くよりかえって難しいのです。両者の構造は，実は同型であり，子どもたちと教師との間にある被害者／加害者の二者関係（子どもたち／教師の関係性に，被害者／加害者の関係がしのび込み，今度は，教師／保護者に被害者／加害者の関係が重なることがある）に加え，学校外の「観衆」や「傍観者」（場合によっては地域住民，さらには

無関係な観衆も）を含めた「いじめの4層構造」（森田，1986）を考えておく必要があります。感動系スペクタクルを渇望する観衆はリスクを考慮せず私事である消費者的関心を満たそうとし，傍観者たちはリスクに見て見ぬふりを決め込みます。そして，一大事が起こった際には，「指導熱心な先生だった」という評価で擁護論が張られ嘆願書まで出されて，問題の構造を明るみに出さないまま変革の機運を雲散霧消させてしまいます。このような暴力の文化を支える暗い風土が社会レベルで存在している，というところまで視野を広げていく必要があるのです。

　このように，いじめの構造を温存する文化的風土にまで照射が届くようになってくると，その先には部活顧問の労働問題に見られる"教育の病"が見通せるようになってきます。近年，ブラック部活に関心を拡げている内田と，元々ブラックバイト問題を探求してきた大内は，対談の中でブラック部活とブラックバイト，その延長としてのブラック企業での労働という問題群が地下茎で一つながりになっていることを喝破しています（内田・大内，2016）。

4　スクールカウンセラーの立場から

（1）スクールカウンセラー事業

　ここまで前節では，学校教育現場を取り巻く複雑な現代事情を概観してきましたが，ここに至る過程で学校現場はつねに様々な波に洗われてきました。そのたびに現場教師はその解決に尽力して，何らかの対策を実行に移して当時の社会問題に対処してきたと見ることができるでしょう。その中で1994年の大河内くん事件に端を発するいじめ問題への文科省施策の一環として，「スクールカウンセラー活用調査研究委託事業」が実行に移され，当時はじめて外部者が学校内に入ったということは，その当時を知る学校臨床心理士（臨床心理士でスクールカウンセラーを務めている者）の先達の間の共通の記念碑的出来事になっています。学校臨床心理士から見た歴史は，「スクールカウンセラー活用調査研究」の第1期に見られる"黒船"からの脱却，第2期の「スクールカウン

セラー活用事業補助」および第3期の「学校・家庭・地域の連携協力推進事業」を経て，中学校全校配置へ向けての段階的取組の継続と，拠点校方式による小学校への配置拡大への事業進展（村山，2011）ということになります。そして，その間も私学にスクールカウンセラー活動を拡げていっています。その上で，昨今の中央教育審議会答申（2015）による「チーム学校」の一員としての常勤化を検討する段階へ移ってきた，という流れになります。

（2）「周縁人」としてのスクールカウンセラー

　今や学校にすっかり定着した感のあるスクールカウンセラーですが，彼ら彼女らが定着してくるまでの学校現場で児童生徒の相談に応じていたのは勿論，担任教師でした。元々面倒見のよい教師がクラスの児童生徒の苦しみ・悩みに親身になったきっかけ等から，病理も含めた人間の心理をさらに究めようと思われたという動機づけで熱心に研究され実践も深められていったというケースが多いようです。とりわけ教育相談の領域において，教科を通しての児童生徒の育成という範囲を広げて，個々の悩み・問題解決に心血を注いでおられたように思われます。ですから，生徒指導に信念と自信を持って当たられていた教師（管理職を含む）がスクールカウンセラーの配置を"黒船来襲"ととらえたばかりでなく，教育相談に熱心に取り組んでおられた教師からもスクールカウンセラーは批判の目に晒された訳です。給与体系の違いにもとづく報酬への批判はもとより，教育相談の在り方そのものにも厳しい批判が投げ掛けられた，という逸話はスクールカウンセラー第一世代から異口同音に聞かれたところです。「チーム学校」が唱道され役割分担を推進せざるを得ない現代的潮流にあっても，教師だからこそできる教育相談の在り方を探っている方もおられます。それゆえ，教師文化固有の文脈に沿ったかたちで学校臨床の実践を重ねる必要が大きく，今後「チーム学校」の一員になればなおさらその必要性が増すだろうことは容易に想像されるところです。

　ところで，学校内部に居ながらの"第三者性"あるいは"外部性"の確保という観点は，最初に学校教育現場に臨床心理士が派遣されたときから論じられ

ていた，職務上の倫理的大前提です。学校教育現場に入り込みだした当初から，学校臨床心理士はコミュニティ・アプローチを採ることで，学校という環境ひいては教師集団に対して親和的にかかわってきました。それゆえ，ともすれば外部性という意識を明瞭に持っていないと，自分の置かれた環境や集団の論理・心理に取り込まれかねないという危うさが伴っていました。気づかないうちに現場教職員の一員という気分に染められていることが日常茶飯事です。先に触れた，スクールカウンセラーの勤務形態の不安定さは，出校頻度が低いことでかえって児童生徒や保護者，あるいは教職員との馴れ合いが生じにくく，結果として，第三者性・外部性の確保に奏功している側面もある（文部科学省，2007），と指摘されているものの，低廉な待遇によるサービス低下，モラールの低下が懸念されています。不安定な待遇に耐えながらも，臨床心理士の本懐を知るベテランによるスーパーヴィジョンや事例検討会を受ける機会を持っている者たちが，かろうじて意識して振り返ることができている，というのが現状に近いと思われます。このような状況に加えて，今度は「チーム学校」政策により法令で身分を明らかにされて常勤としてチームの一員となると，現状の非常勤雇用勤務体制でかろうじて意識化することができていた「周縁人」としての自らの立ち位置あるいは心持ちを，チーム内部で働きながら保ち続けられる可能性ははたして残されるのでしょうか。現在もチーム内部に居ながら問題意識を持ち続けて児童生徒に心を寄せている教職員と比べて，どれだけの質的差異をもたらすことができるのだろうか，といささか心許ない思いがしています。

（3）教師から見たスクールカウンセラー

　さて，ここで教師がスクールカウンセラーとかかわることで生まれている"学校の物語"を見ておきたいと思います。本章は教師以外の立場から見た「学校のナラティヴ」を考えるのが目的ですが，教師の目からスクールカウンセラーがどのように見られているかという視点は，スクールカウンセラーが学校教育現場で自身や先達の実践経験を通して培ってきた実践知を知る上で，いわば合わせ鏡として欠かせません。

第 3 章　スクールカウンセラーから見た「学校」

　スクールカウンセラー志願者の実習生たちは，自身の経験から，あるいは仲間・先輩方の実践経験を大学院の授業や研修会の場で学ぶことを通して，学校の文化を学んで自分なりに適切な身の振り方を身につけていきます。このプロセスの途上にある実習生たちは，先に見ておいたように，担任の持つ文化に様々な方向性から"遭遇"します。そして，けっして明言される訳ではない暗黙の相互関係を通して，連携のための重要な"関係づくり"が行われます。

　スクールカウンセラーと教師との関係性は「朝夕の挨拶，職員室や廊下での何気ない会話など，心理臨床の専門性以前の構造化されない日常的な関わりの中から構築される」と言われています（中川，2015）。それゆえ，「不完全な内部者」であるスクールカウンセラーが学校現場で自らの専門性を活かすべく有意義な仕事を遂行していけるようになるためには，「教師との何気ない日常的な関わりへの感度とそのスキルをアップさせることが必要となる」と言います（中川，2015）。そうでないと，「教師から見て気に入らない SC であれば，その教師は最低限の情報のみを SC に提供する」ということになりかねないし，十分な連携を取ることが難しい相手と判断されると「お任せ」や「委託」になりやすい，と言われています（中川，2015）。多忙な教師の仕事の一部肩代わり（アウトソーシング）に位置付けられて，スクールカウンセラーが本来目指している「専門性」と「外部性」とは異なる"部外者との連携"に止まってしまうのです。インターフェイスになっている教師（管理職を含む）も露骨に表現したりしないので，経験の浅い察しのよくないスクールカウンセラーだとそのような扱いに気がつかないまま数年を過ごしているということもあります。

　異文化交流においては，自覚的か無自覚かの幅はあっても，文化の内部に入り込むまで"真相"は見えないことが当たり前です。岩宮（2015）は，「学校文化の悪いところがあったら何でも言って下さい」と言う校長との付き合い事例を紹介しながら，「石の上にも 3 年」とも言うべき息の長い自身の取り組みを通して，自身の存在が「居ることで働きかけている」という実践の在り方を示しています。子どもたちとの物語の共有を「深いレベル・普遍的テーマ」（倉光，2015）で行うだけでなく，教師とのかかわりにおいても学校文化という"物語

の共有"を「時間をかけてゆっくりと，こちらができることを本当にコツコツとやりながら，時期をみるしかない」という態度で行っている，と言います（岩宮，2015）。このような深いかかわりを粘り強くしていかなければ，学校の物語が持つ"見えない力"に太刀打ちできず，容易に"お客様扱い"されて，気がつかないうちに表面的な関係に流されていって，部外者として"排除"されてしまうことになります。

5 学校におけるナラティヴとは

ところで，前節で見ておいたように，現在はまさに，スクールカウンセラーから見る学校が，外部者としての他者から見た姿としての異質性から，同業者から見る姿としての同質性へ変容していく過渡期にあります。ここで，あらためて学校のナラティヴを顧みようとするならば，学校におけるナラティヴとは一体誰のナラティヴのことなのか？という問いに直面せざるを得ません。先に見ておいたスクールカウンセラーを巡るナラティヴでないことは明らかですが，それでは教師についてのナラティヴなのでしょうか。それとも，児童生徒のナラティヴを扱えば，ともかくもその問いに答えることになるのでしょうか。

（1）教育は誰のものか

児童生徒と教師とのナラティヴについては，第Ⅱ部の対話が彼らの生の体験に裏打ちされた迫力をもって伝えられるので，あえて本節で触れることはしません。それでは，児童生徒同士のナラティヴについてはどうでしょうか。心理学的に見て児童思春期という時期が危機をはらむ発達段階であることは教師にもよく知られているところです。そのプロセスを通過していることに対する配慮がつねに求められている上に，先に見ておいたような現代的事情が重なって，これまでのように過渡期を難なく過ごしていくことが当たり前のことではなくなっていることにあらためて留意する必要があると言えます。

このように考えてゆくと，そもそも「教育は誰のものか」という大命題にあ

らためてぶつかってしまいます。あまりに大きな問いは、しばしば自明視された暗黙の共通理解の下にかえって質されることなく、日々の実践の積み重ねを示されるだけで不問に付されています。公教育の定義のない我が国のお家事情については松下論文（2012）を参考にしていただきたいと思います。様々にある論議の中、学校に関する多様なナラティヴを貫いて考える上で比較的参考になる視点を提供している教育談義があります（リヒテルズ・苫野，2016）。彼らによると、公教育の本質は「各人の〈自由〉および社会における〈自由の相互承認〉の，〈教養＝力能〉を通した実質化」と端的に表現されますが、この視点からは次のようなことが指摘されます。すなわち，全ての子どもたちに「相互承認」の"感度"を育むことを土台に、各人が「自由」になるための"力"を育む教育，そしてまた，それを通して社会における「自由の相互承認」の原理を実質化していける教育が，彼らの考える「よい」教育である，と。さらに，そのための制度的側面に関して，制度としての公教育すなわち「教育政策」は，一部の人の「自由」にのみ資するものであってはならず，全ての人の「自由」に資するものでなければならない，という「一般福祉」の原理が重要である，と付け加えられています。

（2）原理と実践の往還

このように一見抽象的に見えても，理念は必要です。そのような理念に対する合意がないまま暗黙の前提で教育政策が進められると，現場では具体的な教育観にもとづく信念対決は止むことがなく，差し当たり大きな掛け声に倣って目の前の事象に取り組むのに汲々とする他なくなるのではないでしょうか。チームの一員として学校のために何でも役に立ちたい，あるいは役に立たなくては，と考えるスクールカウンセラーは，とくにこういった観点からの見識を持ちづらいように見えます。いきおい現状追認がベースとなった発想に終始した具体的工夫しか考えることができないことになりがちです。あまりに変化を要請する方法論しか持ち合わせていないと，現場の管理職や協働すべき教師と軋轢を生じてしまいかねませんが，「原理なき実践」に終始している姿勢は，"原

理と実践の往還"なき「盲目」に陥っていると言うことができるでしょう。

　そういう訳で，学校にある様々なナラティヴを考えるに当たっては，教育を受ける子どもたちが自由になっていけるための基礎的力能が育まれる場（苫野，2011）であるかどうかという方向性が大きな視座空間を供給してくれます。しかしながら，それを我が国の実際の政治的状況に引き写してみるとなると，公共的市民の育成を学校教育が果たすために乗り越えなければならない障碍は多く，様々な反対意見も十分に議論した上で「学校教育の目的やあり方を再定義することが必要になる」（松下，2012）と言われています。そのような地道な取り組みを回避して現代を席巻しているエビデンス重視の潮流に従っていくと，すでにその弊害は現れているのですが，教育は形骸化し空洞化を起こすことが見越されています（松下，2015）。このような流れに抗して「エビデンスにもとづく教育」からの脱却を図ろうと取り組む大人たちが目標に向かう希望の姿を示して見せることこそ，現在，いじめ，虐待，引きこもり，自殺など様々な問題を呈している子どもたちに対する，我々大人からのまがい物でない回答となるではないでしょうか。

（3）寄り添い聴いていくこと

　ここまで学校のナラティヴに関して，児童・思春期という危機をはらむ発達段階を通過していること，現代社会が置かれている時代的潮流の下では市民社会的な秩序より群生秩序が優勢となりやすく閉鎖的不本意集団となりやすい教室空間がいじめの温床となりやすいこと，我が国には公教育の在り方を巡る議論がなされてこなかったこと，等の言説を振り返ってみて，大きなドミナント・ストーリーが隠蔽されている（あるいは見えにくくなっている），というある意味逆説的な構造が存在している，ということにようやく気がつくことができました。このようないわば"不可視の"複雑に錯綜したナラティヴがドミナントなものとして，各学校教育現場で児童生徒と教師の間において，あるいは児童生徒の間に，教師同士の間に，次々と生成しては消滅しています。その様は時代が移っても，形を変えて同型なパターンが繰り返されているように見え

ます。スクールカウンセラーという，半ば内部にありながら外部性を保ち続ける視座を堅持し続けると，このような学校のナラティヴが浮かび上がってくるのです。あとは各人の個性を生かしたスタンスで具体的なかかわり方の在り様を模索する中で，それぞれの場所で出会う個々のナラティヴに寄り添って聴いていく。つまり，「コミュニティに繋ぎチーム支援を進めるか，心理臨床として SC が寄り添い支えるか，そして聞き取ったことの何をどこまで支援チームに伝えるかを判断する」(福田，2017) ことになるのです。

6 目指すべき共通の方向性

　章末に辿り着いてみれば，本章においては学校のナラティヴを巡り，いささか身も蓋もない論議となった部分もありましたが，章を閉じるに当たって若干の補足をしておきたいと思います。

　中央教育審議会答申 (2015) にもとづいた「チーム学校」を実現するための改善方策施行後に学校教育現場に入っていくスクールカウンセラーにおいては，各自で「外部性」と「専門性」を再考するのに本章の視点を参考にしていただけたら，と思います。やや辛口に感じられるかもしれませんが，このような視座が欠落していると，誰のための教育に奉仕しているのかわからなくなり，下手をするとスクールカウンセラー自体の不要論に見舞われて立往生しないとも限りません。"原理と実践の往還" を考え続けることのできない専門家のオピニオンに人々が耳を傾けてくれることは今後ますますなくなるだろうからです。

　また，筆者はスクールカウンセラーを養成する教育課程において，教育行政および外部専門機関と連携・協力を行っている，言わば両者をつなぐコーディネーターの役にあり，さらに，教員組織内部で営まれていた教育相談に尽力してきた現場教師と共同研究していることもあり，学校教育現場に資するための実践研究に取り組んでいます[(1)]。このような実践と理論の往還をする中で，「外部性」と「専門性」の議論に関して，今一度明確にしておかなければならない個人的必要性を感じていました。いわば両者の「境界性」を巡って，教育相談

担当者（あるいは教員組織内部の教育相談コーディネーター）とスクールカウンセラーの在り方を問い直す必要があったのです。それは，そのような自覚的な取り組みによって両者が真の意味で連携・協働できるはずだし，さらに有機的なチーム育成のために今後は自覚的に取り組まれるべきである，と考えているからでした。

「チーム学校」が施行された後の新時代の環境においては，チーム内外のメンバー間で"善意"の空回りによる徒労・疲労を避けるための視点を持ちながら，より有機的で立体的な支援をしていきたいものです。しかし，それはいかにして可能になるのでしょうか。目指すべき共通の方向性を最後に確認しておきたいと思います。

これまで時代とともに止めようもなく進行してきた，生きづらさという目に見えない心理的束縛状態の中で，そのような環境の下であるからこそ学ぶことのできる教訓はおそらく次のようなものではないでしょうか。つまり，個を圧殺する全体主義的な秩序形態は生きづらい環境であること，そして個の違いが認められて共存することが尊重される環境はより生きやすいこと，です。生きやすい（生きることを可能にする）社会を形成するためには，じつは，個人一人一人が公共的市民のように自ら考えて自分の判断の下で行動することが必要です。その公共的市民を育成するためには，先に見ておいたように，子どもたちに身近な学校教育現場でそれを体現する大人たちに実際に触れることが不可欠です。幼いころに体験した本物の味は，大人になってもけっして忘れられることはありませんし，何かのきっかけでその感覚が蘇ってくることがあります。同様に，いつそれを思い出して自分の進むべき道に再び回帰してくるかは子どもたち一人一人異なり，タイミングも計ることはできません。しかしながら，

（1）　筆者はこれまで教師による教育相談に携わってきた教育関係者と，職務上なされる実践研究だけでなく，研究補助事業として行われる実践研究にも協働してきた。そのような研究として，本章の内容は科学研究費補助事業に採択された基盤研究（C）15K04120「教育相談における世代間伝達および聴き手の自己成長に関する質的研究」の研究成果の一環である。

そのような大人と直に触れて，一度でもその姿に憧れるという経験をした子どもたちの中から，公共的市民の姿勢を持って集団同調圧力に屈せずに行動していた大人たちに倣って，自分自身の振る舞いを律していこうとする子どもたちが育ってくるに違いありません。そのような小手先でない本質的な教育的支援とは，スクールカウンセラー養成を行ってきたコーディネーターの目から見て，もっとも基本的でありながらもっとも肝腎な実践として，目の前の個々の児童生徒のナラティヴに寄り添うということに代わるものはない，と言うことができます。しかしながら，ありふれていて言わずもがなに思える，この基本原則は"言うは易く行うは難しい"のです。エビデンスを集めやすい代替アプローチが蔓延する昨今の風潮にあって，かえって本道を外して迷い込みやすい危うさが増しているように思われてならないからこそ，今あえて強調して本章を閉じたいと思います。

〈文　献〉

中央教育審議会　2015　チームとしての学校の在り方と今後の改善方策について（答申）（http://www.mext.go.jp/b_menu/shingi/chukyo/chukyo0/toushin/__icsFiles/afieldfile/2016/02/05/1365657_00.pdf　2017年5月28日閲覧）

土井隆義　2014　つながりを煽られる子どもたち　岩波書店

福田憲明　2014　これからの展開——チェンジエージェントとしてのスクールカウンセラー　子どもの心と学校臨床, **15**, 33-42.

福田憲明　2017　スクールカウンセラーの個への関わり　子どもの心と学校臨床, **16**, 3-10.

本間友巳　2008　いじめ臨床とは——その理解と意義　本間友巳（編）いじめ臨床　ナカニシヤ出版　pp. 3-18.

岩宮恵子　2016　今，ここに生きる「私」はどこまでも拡散していく　子どもの心と学校臨床, **15**, 87-91.

岩宮恵子・倉光修　2015　スクールカウンセラーから見た学校の『物語』　子どもの心と学校臨床, **13**, 77-92.

松下良平　2012　公教育を再定義する　現代思想, **44**（9），110-127.

松下良平　2015　エビデンスに基づく教育の逆説　教育学研究, **82**（2），202-215.

文部科学省　2007　児童生徒の教育相談の充実について——生き生きとした子どもを育てる相談体制づくり（報告）(http://www.mext.go.jp/a_menu/shotou/seitoshidou/kyouiku/houkoku/07082308/002.htm　2017年5月24日閲覧）
森田洋司　1986　Introduction：変わりゆく「いじめ」の世界　第1章：いじめ，いじめられ　第3章：子どもたちの表層と心象　森田洋司・清永賢二　新訂版　いじめ　教室の病　金子書房　pp. 1-38, 39-98, 125-164.
森田洋司　2010　いじめとは何か——教室の問題，社会の問題　中央公論社
村山正治　2011　スクールカウンセラー事業の展開　臨床心理学，増刊第3号，22-26.
村山正治　2012　スクールカウンセラー事業を支えている実践知・経験知・パラダイム論　村山正治・滝口俊子（編）現場で役立つスクールカウンセリングの実際　創元社　pp. 10-34.
内藤朝雄　2009　いじめの構造　講談社
内藤朝雄　2016　学校の秩序分析から社会の原理論へ　佐藤卓己（編）学習する社会の明日　岩波書店　pp. 229-256.
中川美保子　2015　学校コミュニティとの連携　子どもの心と学校臨床，13, 19-25.
中井久夫　1997　アリアドネからの糸　みすず書房
リヒテルズ直子・苫野一徳　2016　公教育をイチから考えよう　日本評論社
斎藤環　2013　承認をめぐる病　日本評論社
斎藤環　2016　大人たちはなぜ「いじめ」に気づけないのか？——いじめの透明性　臨床心理学，96, 651-656.
田嶌誠一　2014　学校のいじめ，施設の暴力，それがつきつけているもの　子どもの心と学校臨床，11, 19-45.
苫野一徳　2011　どのような教育が「よい」教育か　講談社
内田良　2015　教育という病——子どもと先生を苦しめる「教育リスク」　光文社
内田良・大内裕和　2016　「教育の病」から見えるブラック化した学校現場　現代思想，2016年4月号，36-60.

第4章 「学校」とはどのような場所か
　　　　——歴史を手がかりに考える

光田尚美

1 「学校」を考えるとは

　学校はどのような場所かと問われたら，あなたはどのように答えますか。
　ある人は，そこが学校と呼ぶに足るための基礎的な要件を挙げようとするかもしれません。多くの子どもたちが集まり，ともに学習する場所。一定の目的があり，その達成のために学ばなければならない内容があり，それを教えるための先生がいて教科書がある。教室や校庭，体育館がある。そのような場所が学校なのだ，と。
　ある人は，わたしたちの社会において学校が担っている機能に注目するかもしれません。すべての子どもたちがある時期に必ず通い，社会で必要となる知識や技能を習得する場所。社会を維持，発展させていくために，行政機構にもとづいて確立された教育システム。それこそが学校である，と。
　そして，ある人は，限定された目的から離れたところに見出される，学校での教育や生活の意義を強調するかもしれません。友達と，ときにぶつかり合いながら友情を深めていったことや，信頼できる教師に出会ったこと，あるいは部活動に一生懸命に取り組んだこと，恋をして少し大人になったこと。わたしが，わたしの青春の一ページとして意味づける学校。個々の記憶は異なるけれども，根底にはなぜか共通する感傷がある。それもまた，学校という場所ならではのことだろう，と。
　また，ある人は，学校のことなど思い出したくもないと言うかもしれません。

学校は，わたしたちを傷つけ，苦しめる残酷な場所。なぜ，わたしたちは学校に行かなければならないのか，その理由もわからず，ただその時期が過ぎてくれることを，そして学校から解放されることをひたすら望んでいた，と。

わたしたちは，物心のつくよりも以前から毎日のように学校に通い，そこで様々なことがらを学び，様々な人と出会ってきました。わたしたちは，学校について身をもって知っており，また，学校は，わたしたちの生活と密接につながっていました。しかし，「学校とはどのような場所か」と問い直してみると，直接に体験し，よく知っているはずの学校がよくわからない，ということが見えてきます。学校での経験の中身はそれぞれに異なり，学校に抱くイメージや価値も一様ではありません。つまり，学校という概念は多義的であり，じつにとらえどころのない，包括的な言葉なのです。

しかし，「なぜわたしは学校に行くのか」，あるいは「学校に通わなければならないのか」，「本当に学校に行くべきなのか」など，学校の意味が問われたとき，わたしたちはあらためて，学校が何をする場所なのかを考えてみなければなりません。そこで本章では，この「学校とは何か」という問いに可能な限り迫りたいと思います。わたしたちのよく知る学校は，西洋の学校に由来するところが大きいです。したがって，西洋の学校の歴史を紐解き，手がかりとしながら考察を進めていきます。学校がどのような場所であるかを探りながら，どのような場所であることが求められるのかについても考えていきます。

2 古代・中世の学校

（1）社会や国家にとって有益な人材を育成する学校

学校の起源は，古代文明の時代にさかのぼります。原初的な国家が成立し，道具や文字などの文化を発展させた古代エジプトやメソポタミアなどでは，文書による行政システムが生み出されました。このしくみを持続させていくには，発明された文字を，情報の記録や伝達のために駆使できる書記官が必要でした。そこで，読み書きの伝授や訓練を目的とする学校のような機関が設けられたと

考えられています。国家を発展させていくためには，建築や区画整理などの事業を行う職人も必要でした。読み書きの能力とともに，計算や幾何学の知識もまた，積極的に伝授されていったようです。

　古代ギリシャにおいても，様々な学校が設立されていたようです。市民皆兵を掲げたスパルタでは，市民の子どもは一定の年齢になると親元から引き離され，集団教育の施設で，全体主義的な軍人教育を受けました。強健で，かつ規律に従い，忠実に命令に服する軍人を育成することが，スパルタという都市国家を持続的に安定させていくために必要だったからです。

　これらのことからもわかるように，学校はその起源において，実用的な知識を伝授し，社会や国家にとって有益な人材を育成することを使命としていたのです。

（2）人間としての生き方を考える学校

　古代ギリシャの都市国家アテナイでは，直接民主政というしくみが採られていました。市民の政治参画が浸透していくと，国政を司る政治家の育成に関心が寄せられるようになりました。

　政治の舞台で力をもち，活躍するためには，政治にかかわる豊富な知識をもっているだけではなく，アゴラに集まる大勢の聴衆の前でうまく語り，納得させる能力を身につける必要がありました。このような需要に応えたのが，ソフィスト（私教師）たちです。彼らは，集まってきた若者たちに「語る技術」を伝授しました。

　しかし，アテナイの哲学者ソクラテス（Sōkratēs）やプラトン（Platōn）は，古代エジプト時代の書記官の養成や職業教育，ソフィストらの弁論術の伝授を，痛烈に批判しました。なぜなら，何かを学ぶことの意味は，日々の仕事のための実用的な知識・技能を獲得させることではなく，「徳」を目指すこと，言い換えれば人間として優れたものになろうとすることにあると考えていたからです。

　紀元前387年ごろに，プラトンはアテナイ郊外にアカデメイア（Akademeia）を創設しました。この学校では，政治学や天文学，数学，生物学のほか，文芸

や音楽など，幅広い学問を深く思考し，探究することが重視されました。プラトンによれば，これら学問は，いかなる人間においてもその生き方の基盤となるものであり，これら学問を探究することによって，真の人間教育が目指されていたのです。

（3）民衆教化と聖職者の養成によって庶民の品行を修養する学校

　古代から中世への時代の転換は，ゲルマン民族の大移動を契機とする西ローマ帝国の滅亡に端を発します。その後，ゲルマン系のフランク族がキリスト教に改宗し，ローマ教会と密接な関係を築くことにより，新たに誕生したフランク王国が西洋の中心的な勢力となっていきます。

　6世紀ごろには，ローマ教皇のベネディクトゥス（Benedictus）が，イタリア各地に修道院を設置し，修道士による伝導と民衆教化がさかんに行われるようになります。こうした動きによって，ローマ教会に権力が集中していきました。教会（大司教や司教ら）は教会領を有する支配階級として，諸侯に匹敵するほどの政治的な力をもち，ローマ教皇は皇帝を凌ぐ絶大な権力を手にします。そして中世の，とりわけ西欧社会の教育もまた，この修道院によって規定されていくことになるのです。

　中世の学校と言えば，修道院を指していました。修道院には，その内部に，修道士や修道女の後継者を養成する学校が設置されていました。やがて修道院の中に，世俗の民にも開かれた外校を設置するところがでてきました。民といっても，そこに通っていたのは諸侯の子弟であり，聖書を通じての読み書きの習得と宗教的な道徳の指導による品行の修養が期待されていました。

　8世紀ごろになると，上級学校として，司教座聖堂学校も建てられるようになりました。そこでは，神学や哲学，天文学などの高度な学問が教えられました。そのほか，司祭を育成する学校，教会の雑務係として働くための学校なども作られていたようです。いずれの学校においても，教育の中心となるのは信仰の教育でした。

（4）新しい時代の到来と学校の変容

　11世紀になると，修道院に規定された学校という在り方が，しだいに揺らぎ始めます。そこには，中世後期におとずれた商業ルネッサンス，さらに人文主義の潮流や宗教改革など，中世の終焉を決定づける時代の動きが大きくかかわっています。

　11，12世紀，遠隔地貿易が隆盛を迎えます。それによって，商業の復興を遂げた地方では，多くの商業都市が誕生しました。これら新都市では，貿易で財を築いた人々が新富裕層の都市貴族となり，都市生活を活性化させ，さらなる都市化の動きを牽引していきました。

　富裕な都市貴族らの関心事は，当然ながら貿易にかかる手続きにありました。たとえば，貿易相手との間で交わす契約書や請求書，都市に提出する公文書を作成すること，商品の価格を決定したり売り上げを計算したりすること，貿易上の問題を解決すること。ゆえに彼らは，キリスト教の教えよりも，実務的な知識を求めました。その結果，修道院学校とは別に，市庁舎学校やラテン語学校など，宗教教育の枠にとどまらない新たな学校が作られていったのです。また，ボローニャやパリ，オックスフォードなどに学都が形成され，大学が誕生していくのも，都市化の動きがその背景にあります。

　15，16世紀になると，コロンブスの新大陸の発見，コペルニクスの地動説，マゼランの世界周航など，中世のキリスト教的世界観を大きく揺るがす発見が相次いで示されました。そしてこのころには，人間性の解放や個人の自立という理念を重んじる，人文主義という思想もまた復興し，その刺激が，さらに宗教改革へとつらなっていったと言われています。

　これら大きな社会変革の動きの中で，教会が管理する学校が次々と閉鎖され，代わって新たな形態の学校が建てられました。その多くが，富裕層を対象とした，将来の公務職，専門職などを養成する学校や，高等教育機関に接続する私立の進学校という性格のものだったようです。

第Ⅰ部　学校の多様なナラティヴ

3　近代の学校

（1）近代教育思想の中の学校

　近代になると，市民革命と産業革命という二つの大きな出来事を背景に，すべての子どもたちにとっての教育の必要が説かれ，それを実現するための学校や教育の制度が確立していきます。近代における学校の歴史は，公教育，すなわち，子どもの教育を受ける権利を保障し，国家の義務としての国民教育を，平等に提供する制度の誕生と発展の歴史であると言えます。

　このような変遷に少なからぬ影響を与えたのが，近代を代表する思想家たちです。彼らは，革命後の新しい社会を構築するに当たり，どのような社会を描き出せばよいのか，また，新しい社会を生きる人間には何が求められるのか，そのために学校はどうあるべきなのかと思索を重ね，著書や論文，実践を通して，あるいは具体的な法案を提出して，自らの構想を世に問うていきました。

　たとえば，コメニウス（Johannes Amos Comenius）は，庶民にはいまだ定着していなかった学校を，社会の機能の一つとしてとらえることで，社会全体の利益につながることを主張しました。そして，すべての人間が，人間についての一切を教育されなければならないと説き，また，すべての子どもたちに人間についての教育は可能であると考えました。そこでコメニウスは，すべての子どもたちが同じ方法で，しかも，より簡単に教えられ，学ぶことができるようにするにはどうすればよいかと探究し，教育内容を分け，段階的に教授することや，子どもの感覚を通じて受け取らせることなどが効果的であることを示したのです。

　市民革命期において，多岐にわたり活躍したロック（John Locke）やルソー（Jean-Jacques Rousseau）もまた，教育について語り，後の思想家に影響を与えました。ロックは，イギリスの上流階級の子弟のための家庭教育論をあらわしたことで知られていますが，その一方で，当時のイギリスの失業・貧窮対策案として，「貧民子弟のための労働学校」を構想しました。それは，すべての教

区に,労働者の子どものための学校を設立し,何かしらの手仕事をさせながら教育を行うというものでした。上流階級の子弟のための家庭教育が,教養のある人間の育成を志向しているのに対して,学校はあくまでも救貧政策の一つであり,経済の論理の中に位置づけられていることがわかります。

ルソーにおいても,その教育論の中心は家庭教育です。しかし,彼が『エミール』において展開した,子どもの善なる本性の探究や,その善性を守り育むための,子ども期特有の感受性を生かした教育についての洞察は,初等学校の改革に尽くしたスイスの教育家ペスタロッチ（Johann Heinrich Pestalozzi）に強い影響を与えました。そして,幼稚園を創設したフレーベル（Friedrich Wilhelm August Fröbel）,学校教育学の体系を確立しようとしたヘルバルト（Johann Friedrich Herbart）へと,その思想は引き継がれていったのです。

(2) 公教育の理念

すべての子どもたちのために教育を,という理念は,やがて公教育制度として整えられていくのですが,その原型は,フランス革命後に提出されたコンドルセ（Marie-Jean-Antoine-Nicolas de Caritat, marquis de Condorcet）の法案に求めることができるでしょう。その構想には,子どもたちの「教育を受ける権利」が保障されること,「国民教育」を提供することは公権力の義務であること,そのために,初等教育から高等教育への段階的な学校体系を構築することのほか,これら学校教育の機会は均等に実現されること,そこで行われる教育は政治的にも宗教的にも中立であることなど,現代の学校教育制度の基本となる原理が示されていました。法案は,革命後の混乱の中で廃案となるものの,フランスにおける公教育の制度化に,重要な役割を果たしたと言えます。

一方,18,19世紀にかけていち早く産業革命を経験したイギリスでは,国民の生活水準の向上のかげで,多くの子どもたちが労働力として駆り出されるという状況がありました。イギリスの公教育は,こうした子どもたちを保護するという発想に,その端緒を求めることができるでしょう。

当時,労働者の子どもの教育を担う場として,子どもの労働（糸紡ぎや織物

などの生産活動）と教育（読み書きの訓練や宗教教育）とを結びつけた施設（労働学校）が生まれていました。また，ペスタロッチが貧民子弟に試みていた教育の方法も，形態的には労働学校と類似しています。そこには，労働者の子どもを年少時から，規則正しくまじめに働くことに慣れさせるとともに，仕事にかかわる技術を身につけさせ，以降の生活を落ち着かせよう，との意図もありました。

（3）労働者の子どもの教育

産業革命期に，ニュー・ラナークの工場経営者となったオーエン（Robert Owen）もまた，労働者の子どもの生活環境や教育の改善に力を注いだ人物の一人です。子どもの長時間労働を禁じ，一定期間を学校に通うなど，教育を受ける機会を保障するという内容の工場法の制定を訴えるとともに，工場に子どものための学校を創設し，工場で働く労働者の子弟の教育を保障しました。

「性格形成学院」と名づけられた彼の学校では，人間は環境によって育つという理念のもと，子どもの感覚を生かした活動的な授業が行われていました。庭園や果樹園，畑や森など，子どもたちは積極的に屋外で過ごすことが奨励され，森林の種々の作物や家畜に親しむことで，将来の生活にもつながる生きた知恵を身につけることが大切にされていました。また，叱責や体罰は禁じられ，教師はその声の調子や言葉，行動において，すべての子どもたちに親切を示すこと，そして子どもたちと信頼関係を築き，打ち解けた会話や質問がやり取りされることを求められました。

（4）公教育制度としての学校

性格形成学院は，イギリスにおける児童学校の普及のきっかけを作りました。しかし，労働者の子どもの学校は，ペスタロッチやオーエンの意図とは対照的な実践をモデルとして普及します。それは，ベル（Andrew Bell）とランカスター（Joseph Lancaster）によって考案された「モニトリアル・システム」です。

モニトリアル・システムでは，教室の子どもたちはまず，いくつかの少集団

に編成されます。そして，その中の優秀な子どもがモニター（助教生）に選ばれ，教師から直接に教わった内容を，他の子どもたちに伝授していきます。教師はまた，賞罰や競争でもって子どもたちの名誉心を刺激して学習へと動機づけたり，命令に服従させたりします。このような方法をとることで，数百人，数千人という規模の子どもたちを，一人の教師が一度に教授したのです。

　この方法は，大量の労働者を必要とした産業革命期の国家に，見事に適していました。1833年には，モニトリアル・システムを活用した学校に補助金が交付されます。1870年に初等教育法が制定されるのですが，そこで誕生した学校は，産業社会の経済的合理性を反映した，一斉授業方式の機械的な学習と，賞罰や競争による規律訓練を行う場所だったのです。

　公教育の整備は，イギリスの植民地であったアメリカでも進められました。アメリカに入植したピューリタン（プロテスタントのカルヴァン派信徒）たちは，新天地に，ピューリタニズムにもとづく自治的な国家を建設しようと望みました。そのためには，宗派や階級の利益を超えた，相互に共有しあえる文化圏を築き上げることが必要だと考えられました。そこでピューリタンたちは，学校建設や就学の義務を盛り込んだ教育法の制定に，いち早くとりかかります。

　人々の教育への高い関心は，イギリスからの独立を果たした19世紀前半，独立宣言の精神にもとづく公教育制度の確立の議論にも火をつけます。その動きの一つに，マサチューセッツ州の教育長マン（Horace Mann）が創設した，「コモン・スクール」があります。

　コモン・スクールは，地方公共団体（州）によって運営される無償の，また，非宗派の学校であるという点で，公教育の理念を具体的にあらわした学校でした。マンは，子どもの学習権と教育機会の平等の実現のために，学校の管理・運営のしくみや指導体制などを公的に作り出そうとしたのです。それは，公教育の新たな可能性を示したと言えるでしょう。

4 新教育運動の中の学校

(1) 新学校の創設

19世紀末,国家間での経済競争や覇権争いが激化していく西洋諸国では,これからの時代を担う人材育成の要求が高まっていきました。しかしながら,公教育として整備されてきた学校の目的は,依然として,国家に従順に奉仕する国民の育成にありました。また,学校に通うことのできる子どもが飛躍的に増大したこともあり,学校の授業は,一斉指導で,教師が一方的に画一的な知識を伝授するという方式をとり続けていました。

このような状況に対して,1890年代から1920年代末にかけて,学校教育を改革しようという動き(新教育運動)があらわれました。たとえば,イギリスではレディ(Cecil Reddie)が,アボッツホルムに全寮制の中等教育学校を創設しました。彼は,古典研究にもとづく教養主義の当時の中等学校を批判し,近代の科学的精神にもとづく実学的な教育内容と,寮生活における自治的活動を通して,次世代のリーダーを育成しようとしました。

レディの理念と実践は,フランスのドモラン(Joseph Edmond Demolins)やドイツのリーツ(Hermann Lietz)に伝わりました。ドモランは,レディと同じく,古典中心のフランスの中等教育を批判し,その抜本的な改革として新しい学校を創設しました。リーツは,イルゼンブルクに,初等教育のための寄宿学校の「田園教育舎」を創設しました。豊かな自然環境に囲まれた田園地帯で,また,寄宿舎という生活共同体の中で,子どもたちの感性や思考,行動力を調和的に発展させる全人教育を目指したのです。

スウェーデンの女性運動家ケイ(Ellen Key)の『児童の世紀』が発表されると,こうした動きは,そこに示された子ども中心主義の思想に理論的な支柱を求めました。ケイの主張する個性教育や,そのために必要な教育形態の多様化を基軸として,新教育運動は世界的に展開されていったのです。

（２）進歩主義教育運動とデューイの学校教育改革

　20世紀の前半にかけて，新教育運動はアメリカでも活発になります。当時のアメリカは，世界金融の主導権を握り，国際政治のリーダーシップをとるまでに成長していました。産業も発達し，1920年代には，自動車，電気，化学などの新産業における生産の能率化，交通機関や情報伝達手段の発達などによって，消費型経済の文化が形成されました。

　独占資本の支配下で発展し続ける産業界は，必然的に，人材の育成を担う教育への要求を強めていきました。こうした要求に対応すべく，学校は高度に専門化・技術化し，量的にも拡大していったのです。

　このような社会を背景に，アメリカの新教育運動は，「進歩主義教育運動」として展開されていきました。進歩主義が提唱する教育には，大きく分けて三つの流れがあります。一つは，大量生産・大量消費の社会経済システムの発展によって，科学的な経営管理による学校運営の効率化や，教育目標と過程の合理化を図るというものです。もう一つは，児童心理学や発達心理学の影響を受けて，子どもの発達や学習を，子どもの本性の自然な欲求としてとらえようとするものです。両者は，相反するような主張に見えますが，心理学研究を学校に導入するという後者の傾向は，人間の行動を科学的に測定することによって，子どもの発達や学習を統制することを可能としました。それは結果的に，一元的に管理する学校システムの拡大につらなり，学校教育の効率化，合理化の流れと同調していくことになります。

　これらの流れに対して，産業主義がもたらした人々の分断や対立を乗り越えるために，学校を公共性の原理にもとづいて改革しようという動きがあらわれました。それを牽引したのが，デューイ（John Dewey）です。

　1894年にシカゴ大学に着任したデューイは，1896年に附属小学校を開設し，約8年にわたって学校改革に取り組みます。そこで彼は，学校を，子どもと社会をつなぐ公共の空間として再生しようと考えました。これまでの学校教育の枠組みを解体するような，様々な試みが実行されました。たとえば，カリキュラムの中心に子どもの学習を据え，再構成すること，社会実践と結びついた課

題解決的な活動を通して，主体的で探究的な学習を展開すること，また，その学習が協同的に進められるよう，学級や集団において対話的な関係を築くことなどです。

デューイが大切にしていたのは，誰にでも応用可能な特定の方法や，数量的な子ども理解ではなく，教師と子どもたちの創造的な活動でした。それによって学校が作られ，公共の空間として再生していく過程に注目したのです。そのような意味において，デューイの学校改革構想は，新たな時代の到来を見据えた挑戦だったとも言えます。

5　学校を見つめる

(1) ポスト・モダンと学校批判

公教育制度が整備されていく過程で，学校は量的拡大を遂げ，子どもたちが社会で必要となる知識や技能を身につける場所として，わたしたちの生活に浸透していきました。子どもたちが毎日のように学校に通い，教室で，教師による一斉指導の授業を受け，教科書の内容を懸命に学習し，その成果を試験によって測られる。こうした光景が，我が国でも当たり前になりました。

しかしながら，戦後，高度経済成長が終わりを迎えた1970年代，公害や環境の問題が顕在化していくにつれて，産業社会の進展を推し進めてきた国家の方針が疑問視されるようになりました。それに伴い，産業社会を成り立たせてきた制度としての学校にも，批判のまなざしが向けられていったのです。

1980年代に，「ポスト・モダン」という言葉が登場しました。リオタール（Jean-François Lyotard）によって知られるようになったこの言葉は，1980年代の社会の変容を，これまでの社会の在り方（モダン）と対置させるかたちで説明するものでした。

リオタールによれば，モダンとは，産業の進展，科学技術の振興，知識や技能の獲得と理性的な人間の形成などが社会の進歩に直結するという，近代以降，綿々と編まれてきた「大きな物語」を指します。それに対して，ポスト・モダ

ンとは，こうした「大きな物語」の解体を示します。リオタールは，高度に情報化された消費型社会を，その典型ととらえています。このような社会では，個人の感覚や志向など，これまで「大きな物語」の中に埋め込まれてしまっていた小さな差異が優先されるようになります。いわば，個々に異なる「小さな物語」が並存し，また，次々と生み出されていく世界。現代社会は，まさに，こうした新たな世界の到来であったと言えます。

　ポスト・モダンは，子どもたちの知のありようにも，大きな転換を迫りました。いまや，子どもたちが身につけなければならないのは，進歩に向けて均質化された知ではありません。一面的，統一的にはとらえられない差異の世界をいかに生きるか，それに応える術や知恵なのです。このような知の変容は，子どもたちの知の形成を担ってきた学校の在り方を，根底から問い直す契機となりました。

(2) 学校批判の系譜

　このような思想運動の中で，様々な学校批判が展開されます。それらは，「大きな物語」に与した学校の，そのために果たしていた役割や機能を明らかにするというかたちで，学校の在り方や存在理由を追究していきました。

　たとえば，フーコー（Michel Foucault）は，学校における秩序（整列や年齢によるクラス配置，学習内容の難易度によるカリキュラム編成など）が，見えない権力となって子どもを統制し，服従する身体を作り上げていることを指摘しました。ブルデュー（Pierre Bourdieu）は，子どもの学校での成功が，入学前の文化資本，すなわち，家庭環境の中で身につけた文化的な態度様式に左右されることを指摘し，学校が階級を再生産する装置として機能していると批判しました。

　また，イリイチ（Ivan Illich）は，「学校化」された社会の問題を鋭くとらえました。「学校化」とは，人々が学校の存在に慣れ，その制度に依存してしまうことで，学校で提供される教育内容を習得することが学ぶことである，あるいは，学校に行かなければ学ぶことができない，と考えるようになることを言います。イリイチは「脱学校」を主張することで，学校という制度の発展が，生

活のあらゆる局面で行われている学習のもつ，知的な世界の広がりや多様性，学習者の自律性や主体性を喪失させてしまっていることを指摘したのです。

　これらの批判を乗り越えられぬままに，学校を取り巻く状況は，いっそう複雑で，難しくなってきているようです。イリイチが批判したように，いまや学校は，子どもの教育のありとあらゆることがらに関係づけられ，その機能を肥大化させてしまっています。

　現代社会のめまぐるしい変化も，学校を取り巻く状況に大きな影響を与えています。市場原理は，学校に競争や評価をもたらすとともに，学校選択を拡大させました。また，社会の変化とともに，学校に通う子どもたちや保護者の状況もまた，変わってきました。学校教育をサービスととらえる風潮や，学校教育への無関心，あるいは，わが子の教育だけに執着する傾向など，しばしば問題となっています。

　教師の多忙感も増しています。際限なくふくれあがる学校の機能は，教師の仕事に重くのしかかってきます。子どものためにと，積極的に職責を遂行していこうとすればするほど，時間外労働や非賃金労働が増えていく。山積する課題を前にして，憔悴しきっている教師も少なくないでしょう。

　また，子どもたちにとっての学校の意味も変容しました。かつては，学校に通うことは特権であり，誇りでもあったでしょう。学校で身につける知識や技能は，実際に職業選択の可能性をひらきました。学校における序列がそのまま社会生活の豊かさにつながっていたのです。しかしながら，進歩や人間形成を目指す「大きな物語」が解体した今，「なぜ学校に行かなければならないのか」「何のために学校はあるのか」と，学校は，その存在理由を子どもたちからも問われています。

　このような難しい状況の中で，わたしたちはどこに（何に），学校の存在理由を求めることができるでしょうか。あるいは，学校の可能性をどのように描き出すことができるでしょうか。

6 「語り」が紡ぎ出す学校の意味

　どこに（何に），学校の存在理由を求めるのか。ある中学生との出会いを通して，筆者はこの問いの重さを痛切に感じたことがあります。

（1）圭くんとの出会い

　公立中学校3年生の圭くん（仮名）とはじめて出会ったのは，年明けに高校受験を控えた秋口でした。筆者は当時大学院生であり，知人から，圭くんの家庭教師を依頼されたのです。

　筆者は以前に，圭くんの兄の指導をアルバイト先の塾で担当していました。その際に，兄や保護者がしばしば，「また圭が学校でタバコ吸った」「万引きでつかまった」「圭は手に負えない不良や」などと話しているのを耳にしたことがありましたので，家庭教師を引き受けられるのかどうか，相当に悩みました。しかし，圭くんのことを心配している家族の思いに応えたいという気持ちもあり，とりわけ兄に懇願されたこともあって，不安ではありましたが引き受けることにしたのです。

　圭くんは，話に聞いていたような「手に負えない不良」には見えませんでした。自室に置かれた簡易テーブルの前にきちんと座って，筆者の訪問を待っていました。「こんばんは，はじめまして」とあいさつをすると，恥ずかしそうに「こんばんは」と返し，「今日は何時に帰ってきたの？」「部活は？」などの質問にも，ぶっきらぼうではありましたが，すべて答えてくれました。

　しかし，学力を知るための簡単な数学のテストをやってみると，1問も解けませんでした。計算問題だけを取り出してやってもらったのですが，四則計算も正確にできないという状況でした。国語にいたっては，「問題を見るのも嫌」ということでテストを拒否されました。

　採点（といっても，ほとんどが白紙）を終え，愕然とする筆者を見ていたかどうかわかりませんが，圭くんは「疲れた」と言い，おもむろにポケットからタ

バコとライターを取り出しました。そしてベッドサイドのテーブルに置かれていた灰皿を，筆者の目の前に置いたのです。当たり前のようにタバコに火をつけ，「休憩」と言って吸い始めました。

「どんな感じ？　オレ，高校行ける？」と，タバコを吸いながら圭くんが聞いていきました。どう答えてよいものか，なかなか言葉が出ず，「うーん，そうやね……」と時間稼ぎをしながら言葉を探しました。圭くんに試されているのだろう，と思いました。適当な言葉が見つからず，「行けるかもしれないし，行けないかもしれない」と答えると，「何やそれ」と，圭くんはとくに表情も変えずに返しました。

（2）圭くんの学校生活

2回目の訪問では，まず，四則計算をマスターしようと簡単なドリルをもっていきました。「馬鹿にするな」と言われるかと心配しましたが，圭くんは「これなら簡単！」と喜んで取り組んでいました。しかし，5，6分もすると飽きて，「ちょっと休憩」とタバコを取り出しました。

そこで筆者は，圭くんと同じようにタバコを取り出し，「じゃあ，先生も休憩」と言って吸いました。圭くんは少し驚いたように見えましたが，ニヤッと笑って，「マルボロか，えーの吸ってんな」と言いました（その夜，圭くんは母親に，「今度の先生は気が合うかもしれん」と語ったとうかがいました）。そのとき，大きな変化があったわけではありませんが，圭くんが少しリラックスしたように感じました。

しばらくは，ちょっと勉強して，たっぷり休憩し，休憩時間にはタバコをふかしながら圭くんがこれまでの武勇伝を語る，というかたちで時間が過ぎました。学習進度は恐ろしいほどにゆっくりでしたが，少しずつ圭くんも口数が多くなっていき，普段の生活のことなど，いろいろな話を聞くことができるようになりました。

圭くんのご家族は，工務店を営む父とパートで経理を担当している母，高校生の兄の4人家族で，家族仲は良好でした。とくに母親と兄が圭くんの進路を

心配しており，父親は「どこにも行くとこなかったら，うちで修行したらええ」と言うのが口癖でした。兄弟ともに愛情たっぷりの中で育ったのだろうということが伝わってきました。圭くんも，家族のことは大好きのようで，父や兄を尊敬していること（「まあ，父ちゃんや兄ちゃんにはかなわんな」）や母の手料理が好きであること（「母ちゃんの飯の方が数倍うまい」）などの話を聞かせてくれていました。だからこそ，なぜ圭くんが学校で問題となるような行動をとったり，万引きをしたりして家族を苦しめているのか，理由がよくわかりませんでした。

　家庭教師をはじめて1か月ほど経ったころ，圭くんとの会話の中に「学校」という言葉が出てきました。何ということはないのですが，「学校」には触れてはいけないのではないか，と思っていたので，「今日，学校でな……」という圭くんの会話に，思わず「え，学校，行ってんの？」と聞き返してしまったのです。圭くんからは，「あほか，何でオレは制服着とんや！」とツッコミを入れられました。そういえば，圭くんはいつも学生服を着て座っていたのです。しかし話をよく聞くと，筆者が想定する「登校」とはずいぶんと趣が異なっていました。

　圭くんは，朝，家族が出勤・登校した後に学校に向かいます（その時点で遅刻をしています）。学生カバンも教科書も持たず，手ぶらで。そして登校したら，教室には入らず，男子トイレに直行します。そこに数名の男子生徒が待っていて，タバコを吸ったり，おしゃべりをしたりして一緒に過ごすのだそうです。たいてい，先生に見つかります。タバコのにおいは黙認され（タバコを持っているのが見つかると没収される），教室に行くよう促されます。先生に悪態をついたり，「はーい」と口だけの返事をしたりして，しばらくはトイレで過ごしますが，生徒指導の教師が呼ばれたら，とりあえず校内を逃げるそうです。教室にちょっと入ることもあります。そして授業をしている教師に何か言われたら，「うるさいんじゃ，だまっとれ」と言って教室を出て，生徒指導の教師に見つかったら，「先生に出て行けって言われたんや」と答える，といったことを繰り返すのだと言います。驚いたことには，そうやって毎日，学校に行っている

というのです。

（3）学校への想い

そこまで聞いたところで，筆者は思わず，「学校，楽しい？」と圭くんに問いました。「楽しい…………な」という，あまりにも長い間が気になり，「楽しくないの？」と重ねて問うと，「友達としゃべるんは楽しいで。なんで，聞くん？」と返してきました。筆者は率直に，「朝から下校時刻までトイレでしゃべって，逃げて，学校の中うろうろして，授業も受けずに部活もせずに。それなのに，毎日行くの，なんでかな，何がおもしろいんかな，と思って」と答えました。そのとき，圭くんが語ってくれた言葉です。

「おもろいとか，そんなんやない。学校やから行ってるだけや。しゃべれるやつもおるし，先生からかうと面白い……で，教室にはおってもしかたないし。何やっとんのかわからへんし，わからんでもええし，な……でも，高校（入試）にはいるんやろな。高校は……行きたいか行きたくないかよりも，なんで行かなあかんねんって……オレが行っても意味ないやろ……。」

いつものようにタバコを吸いながら，圭くんは，淡々と語ってくれました。

家族にも愛され，発達過程にも大きな問題はなく，また，小学校までの学校生活でも際立った成績不良や，からかいやいじめなどの人間関係の問題も挙げられなかったという圭くん。どうして非行に走るのか，学校の目指すところに背を向けながらも，なぜ学校に行くのか。家族にも先生にも，圭くんの本意はわからなかったそうです。この語りにも，圭くんにとって決定的なことがらは含まれていないのかもしれません。しかし，筆者には，圭くんが，学校という制度が求めるものへの違和を感じ取り，一方でそれを拒絶してみせるものの，その制度にからめとられ，苦悩しているように思えました。

高校入試の本番，圭くんは，下見の際に駅で出くわした他校の生徒とけんかをし，入試当日に高校に残されて事情を聴かれるという事件を起こしました。すでに過去の非行は高校側にも知られており，そのうえの事件であったため，入試の成績を見るまでもなく不合格となってしまいました。おそらく，合格が

いただけたであろう高校であっただけに、ご家族はもとより筆者も落胆しました。しかし当の本人、圭くんは、さっぱりした表情で、後日、けんかの理由を教えてくれたのです。

「駅におったら、あいつらがニヤニヤしよって、どっかの中学の女子にアホなこと言うとってな。……ボコにしたってん。あんなアホなやつらが行くんやで、あの高校。先生、勉強してみたら何か変わるかもしれん言うたけど、あんなん、勉強するわけないやん。高校行ってもな、無駄やねんな。……」

圭くんと家庭で学習した時間の半分は、雑談と休憩でしたが、「一生分の頭使うた！」と言うくらい、圭くんにとっては努力を要するものでした。そして、交わされる会話の中で、「理科の動物んとこは面白いな」「金の計算ができんかったら、へちられとっても（誤魔化されていても）わからんな。……計算はやっとくわ」など、彼なりに興味や関心を高めてもいました。その中で、わずかにかもしれませんが、新しい学校への期待も膨らんでいたのでしょう。駅での出来事は、圭くんにとって、膨らんだ期待をつぶしてしまうものだったのかもしれません。

先日、圭くんの兄から転居の連絡があり、十数年ぶりに圭くんと近況を報告し合う機会をもつことができました。中学校を卒業後、父親のもとで修行をしたこと、今は父親と二人で工務店を切り盛りしていること、また、ずいぶん前に結婚して子どもも生まれ、長女は来春、高校生になることなど、やや愛想のよくなった話しぶりで教えてくれました。

「娘にはちゃんと学校に行って勉強せえ、って言うてますわ。信じられんでしょ、（自分が娘に）高校行けって言うんやで」と笑う圭くんに、筆者は、「気い悪うせんといてね」とことわりつつ、今、学校に行けなかったことをあらためてどう思うか、圭くんに尋ねてみました。

「……甘えとったんやろね。たぶんね、学校で嫌なことがあったんやろうけど、それを、先生とか友達とかアホや、学校行くんは意味ないって……。もう、ええやんか、なんで学校やねん、どうでもええわって。……まあ、中学校もまともにやってない人間が、高校行くなんてな、……ビビッとったんかな。」

圭くんは，かつての自分の行動を「甘えだった」と語りましたが，筆者はそこに，学校に行く意味を見出せずに苦悩する一方で，意味を示さない「学校」と意味を求めない「私」という在り方に固執してしまった圭くんの姿が見えたように思います。圭くんは，その在り方を崩されることが怖かった（ビビッた）のかもしれません。

7　「学校」という物語

　たしかに，「大きな物語」の解体は，磐石に思われた学校の存在理由をゆるがせました。もはや学校に，共通に見据えられるものを期待できないのであれば，子どもたちは，それぞれに学校に意味を模索していかなければならないでしょう。個々に編まれる「小さな物語」。学校という制度にうまく適合していくには，自分なりの「小さな物語」を創造し，大切にしていくことが必要となってきました。

　しかしながら，「小さな物語」は個々に閉じられた，いわば自分だけの世界のようなものです。そこに固執すればするほど，大事にすればするほど，それが綻びるやいなや，子どもたちは自分の足場を失ってしまったかのように，もろくも崩れてしまうのではないでしょうか。

　とはいえ，いつの時代も学校の内部では，そこにかかわる人々がそれぞれの仕方で，「わたしの物語」を編んでいます。学校は，こうした物語が交錯する場所なのです。そして，それぞれの物語が重なり合ったり，すれ違ったり，あるいはぶつかったりしながら，新たな物語が生成されていきます。学校とはどのような場所か，そこにどのような意味があるのか，といった問いへの答えは，こうして日々変容し，生成されていく多様な物語を，一つ一つ読み解いていくところに求められるのかもしれません。

〈文　献〉
アリエス，P.　杉山光信・杉山恵美子（訳）　1980　〈子供〉の誕生――アンシャ

ン・レジーム期の子供と家族生活　みすず書房
ボードマン，J.H.　乙訓稔（訳）　2004　フレーベルとペスタロッチ――その生涯と教育思想の比較　東信堂
コメニウス，J.A.　稲富栄次郎（訳）　1956　大教授学　玉川大学出版部
デューイ，J.　市村尚久（訳）　1998　学校と社会；子どもとカリキュラム　講談社
江藤恭二（監修）　2008　新版　子供の教育の歴史　名古屋大学出版会
フーコー，M.　田村俶（訳）　1977　監獄の誕生――監視と処罰　新潮社
フレーベル，F.　荒井武（訳）　1964　人間の教育　岩波書店
藤井千春（編著）　2016　時代背景から読み解く西洋教育史　ミネルヴァ書房
原聡介（監修）　2011　教育学の基礎　一藝社
フッサール，E.　浜渦辰二・山口一郎（監訳）　2012　間主観性の現象学――その方法　筑摩書房
イリイチ，I.　東洋・小澤周三（訳）　1989　脱学校の社会　東京創元社
今井康雄（編）　2009　教育思想史　有斐閣
柏木恭典・上野正道・藤井佳世・村山拓　2011　学校という対話空間――その過去・現在・未来　北大路書房
ケイ，E.K.S.　小野寺信・小野寺百合子（訳）　1979　児童の世紀　富山房
教育思想史学会（編）　2000　教育思想事典　勁草書房
ル・ゴフ，J.　前川耕作（訳）　2009　子どもたちに語るヨーロッパ史　筑摩書房
リートケ，M.　長尾十三二・福田弘（訳）　1985　ペスタロッチ　理想社
ロック，J.　服部知文（訳）　1967　教育に関する考察　明治図書
リオタール，J.F.　小林康夫（訳）　1986　ポスト・モダンの条件――知・社会・言語ゲーム　水声社
長尾十三二　1991　西洋教育史［第二版］　東京大学出版会
中村雄二郎　1992　臨床の知とは何か　岩波書店
オーエン，R.　渡辺義晴（訳）　1963　社会変革と教育　明治図書出版
ペスタロッチー，J.H.　長田新（訳）　1943　隠者の夕暮；シュタンツだより　岩波書店
プラトン　山本光雄（訳）　1974　国家他　河出書房新社
ルソー，J.-J.　今野一雄（訳）　1962　エミール　岩波書店
皇至道　1962　西洋教育通史　玉川大学出版部
トレルチ，E.　内田芳明（訳）　1959　ルネサンスと宗教改革　岩波書店
トレェラー，D.　乙訓稔（監訳）　2015　ヨハン・ハインリッヒ・ペスタロッチ

第Ⅰ部　学校の多様なナラティヴ

　　東信堂
　山﨑英則（編著）　2010　シリーズ現代の教職3　西洋の教育の歴史　ミネルヴァ書房
　柳治男　2005　〈学級〉の歴史学——自明視された空間を疑う　講談社

第Ⅱ部

元生徒と教師・スクールカウンセラーの対話

第Ⅱ部のはじめに

山本智子

　第Ⅱ部では，教師と生徒が，かつてともに体験した「ある出来事」についてふたたび語り合う場を設けました。当時はお互い知らなかったこと，語らなかったこと，語れなかったことが語られ，対話を通して双方に新たな意味が生成しています。しかし，生成された新たな意味といっても，「ここのいま」で生じた意味であって，ふたたび時空間を超えて語り合った物語においては，「ある出来事」に対する異なる意味づけがなされるかもしれません。「ここのいま」で語られるナラティヴは，「ここのいま」でその人々を支える物語であり，絶対的，普遍的な真理を伝えるものではありません。そして，物事を捉える視点や立場が違えば全く異なるものにもなります。ただ，その人が語る物語は，その人がこれまでをどう生きてきたのか，今をどう生きているのか，そしてこれからをどう生きていこうとしているのかについて教えてくれるものでもあるのです。

　第Ⅱ部に進む前に各章の手続きについて触れておきます。まず，教師たちの長い教師生活の中で，かつて生徒との間で起きた出来事をめぐってもう一度話をしてみたい生徒を思い出してもらいました。そして，当時，聴きたかったこと，聴けなかったこと，語れなかったこと，語らなかったことがある，あるいは自分はその生徒にとってどのような教師であったのかを聴いてみたいと思う生徒にコンタクトを取ってもらいました。そして，自身ももう一度教師と話してみたいと思う元生徒との間に再び語り合う機会を設けました。

　語り合う前に，先生と元生徒には，「当時の関係の中でとくに印

象に残っている出来事」「その出来事をどう感じていたか」「今だから相手に聞きたいこと」「今だから言えること」について，それぞれの思いを書いていただくようお願いしました（書いてくださった先生と元生徒の記述は各章のはじめに載せています）。司会者（山本）はそれぞれに目を通し，語り合われるべき中心的テーマを理解したうえで対話に参加しました。その場所での語りはICレコーダーに録音されました（録音はミネルヴァ書房の編集者が担当しました）。そして，語り合いが行われた後に，教師と元生徒が語りの場を振り返り，それぞれが今回の対話を終えて思ったこと・考えたことを記述してもらいました（それらを各章のおわりに載せています）。

　録音した語りのデータを業者と編集者が文字に起こしました。その際，なるべく元の語りに忠実な内容になるようにしました。ただし，発話の内容をすべて書き起こしたのではなく，プライバシー保護，文章としての読みやすさ，本書の趣旨などを考え，やりとりの内容を損なわない範囲で配慮を加えています。なお，元生徒のお名前については，ご本人の希望にそって，それぞれ本名または仮名を掲載しています。

　基本的にはこうした手続きでお願いしましたが，先生や元生徒の現在の生活様式や住居地などの都合ですべての章が同じ手続きですんだわけではありません。たとえば，住んでおられる場所の関係で対話場面に司会者と編集者が参加することができず，録音された先生と元生徒の対話も先生自身が書き起こしてくださった章もあります（第5章）。また，多忙等の理由で，対話の前後の文章の一部がない章もあります（第5章，第6章）。

　司会で参加した章の中では，他の思い出話に広がりすぎないようガイドの役目として参加しましたが，それぞれの語りの中で生じる

視点や意味の転換の阻害要因とならないように私自身の解釈や思いをできるだけ言葉にして差し挟まないよう心掛けました。なぜならば，対話の場に司会とはいえ第三者が参加するということは，ちょっとした声掛けやうなずき，あいづちなどによってそこで語られる語りを方向付けたり影響を与えたりすることがあるからです。しかし，実際には，極力，言葉を差しはさまないように努めたとはいえ，元生徒や先生から話しかけられたり，逆に話しかけたりすることもありました。こうした私の態度はそこで生じている語りに少なからず影響したと思います。

　しかし，ただ他者の語りを聴かせてもらう場合でも，聴き手自身が言葉や思いをもつ「人」としてそこに存在するということから逃れられるものではありません。人の語りを聴くということが厳密な方法論にそぐわないのはこの点にあるような気がします。しかし一方，他者が語るナラティヴは，場所や時間，人との関係の中で様々にかたちを変えながら，そこでしか生じない「物語」を私たちに届けてくれるものでもあるのです。ここではこうしたナラティヴを皆様に聴いていただきたいと思います。

第5章 「何でオレばっかり！」
——学校になかった大切なもの

吉川武憲先生・山田哲徳さん

　山田くんは吉川先生が4校目に赴任した中学校で担任した生徒でした。中学3年生だった山田くんは，高校に行くモチベーションも低く，外見上はとてもやんちゃな生徒でした。そのため，吉川先生と強く衝突することもありました。結局，高校には行かず，いろいろな職を転々とする日々が続いていましたが，今は，自分で仕事を立ち上げ，立派に暮らしています。しかし，吉川先生にとって彼の言ったある言葉がいまだに忘れられないと言います。それは，ある出来事があったときに山田くんが言った「何でオレばっかり！」という言葉です。そう訴えたその声と表情が今でも胸の中に突き刺さり残っているということです。本章では，その言葉の背景が語られています。

第Ⅱ部　元生徒と教師・スクールカウンセラーの対話

山田さん

　中学校のときはまったく楽しくなかった。みんなは中学時代に戻りたいというかもしれないが，おれは戻りたいとは思わない。その理由はツレがおらんかったから。中学校のクラスには自分に合うツレがおらんかった。部活のツレなどの何人かのツレとは楽しく過ごしたという意識はあるが，クラスにはおらんかった。修学旅行にも行ったが，おれは楽しかった覚えがない。まじめなヤツとかはオレとしゃべりたがらんかった。しゃべったとしても会話がおもしろくなかった。オレは真面目なことが嫌いなタイプやから。

　高校進学とかに魅力は感じなかった。他のヤツは塾行ったりしてたが，そんなところは楽しくはなさそうに感じた。でも，オレは高校へ行こうと思ったこともある。最初は自動車の整備士をめざしていたので，高校見学会にも行った。でも，そこでやっている内容を見て，行ってみたいなあとは思わなくなった。やっている内容が低レベルに感じたからや。オレも習ったわけではなかったが，好きだったからそれなりに自動車整備の知識はもっていた。見学会の様子を見て，この学校で何の技術が学べるんやと愕然としたのを覚えている。行ってもしょうがない。こんなとこで無駄な3年間を過ごすんやったら，オレは働きに行った方がましやと思った。だけど最近やから一応高校は出とかなとは思ってはいた。だから高校の通信制課程を受けた。高校に行ったら行ったでよかったかもしらんけど，今オレはこんなふうに自分で仕事しよるけん，高校に行った他の友達に対してうらやましいとは思わない。好きな仕事をして生きている。そのことは誰に対しても自信もって言える。

　オレも本当は勉強が嫌いなわけではないと思う。理解できたらおもしろいだろうなとは思う。でも，中学校だったら勉強の仕方とかわからんうちに進んだりする。そのときに言える子はいいけど，言えん子もおるやろ。オレはそんな子がかわいそうと思う。オレは逆に分からんかったら「もういい」となるから，それまでになる。真面目に先生の話を聞こうとも思わんし，先生の顔色を窺う気持ちもない。そんな感じでどんどんわからんようになった。おもしろくなくなった。

　でも，少年院では違った。わからんところは聞けた。少年院の先生はそれにきちんと応えてくれた。マイナスに考えたら早く出たいから真面目にしたのかもしれんけど，勉強がおもしろかった。それから少年院ではとてもオレを大事にして

> くれた。先生一人一人がオレら一人一人をとても大事にしてくれた。中学校より
> きっちりみてくれた。少年院ではいろんなヤツがいたけど，先生はそれぞれに合
> わせて教えてくれたり，話しかけてくれたりした。オレに対してもオレがすぐ
> 「もういい」となるのを知っているから，向こうから語りかけてくれた。ものす
> ごく怒られもするし，ものすごく厳しかった。でも，ものすごく優しかった。今
> のオレがあるのは少年院の先生のおかげだと思う。

(※山田さんが話した内容を吉川先生が文章化したものです。)

第Ⅱ部　元生徒と教師・スクールカウンセラーの対話

吉川先生

　K中学校に赴任して最初に受け持ったクラスが3年2組でした。私が担任をしたのはそのときが最後だったので，私の最後のクラスだともいえます。その中で最も印象に残っている生徒が山田君あなたです。赴任して1年目だったこともあり，生徒たちとの人間関係を築くことからスタートせねばならない状態でしたので，誰ともできるだけ先入観をもたずに接したいと考えていました。しかし，私にとってあなたは特別の存在に変わっていったようです。

　学級がスタートした当初はそれほど気になることはありませんでしたが，徐々にあなたは授業に取り組めなくなっていたような気がします。私の授業は全員参加が原則で，私の質問に対する考えを全員に挙手で意思表示させていました。挙手の数が生徒数全員に揃わなければ何回もしつこくやり直しさせていたために，あなたが机に顔を伏せたまま挙手してくれたのを覚えています。寝ているふりをしながらも，みんなに迷惑をかけたくないというあなたの思いが伝わってきました。でも，私としてはそれ以上のことは何もできずにいたのを覚えています。

　それもだんだんかなわなくなってきたのでしょう。欠席や遅刻が増え，ほとんど授業にも入らなくなりました。私はあなたにも中学校最後のクラスで何かいい思い出を作ってほしいと思っていましたが，なかなか思うようにはいきませんでした。あるとき授業中にあなたは横にいた生徒を殴ったことがありましたね。あなたにも言い分があったようですが，「手を出したらいかん！」と叱りつけた記憶があります。いや，それくらいしか私にはできなかったのだと思います。

　11月に合唱祭がありました。そのころあなたの欠席が多かったことから，合唱祭をきっかけに学校に来てほしいと願っていました。クラスの生徒たちに全員が揃うことが一番大切だと言いました。そのときの生徒たちは「先生。任しといて！」と力強く言ってくれたので「最後の合唱祭なので，みんなに任せる」ことにしました。合唱祭が近づき，放課後の練習が開始されました。練習は生徒たちの運営にすべて任せていたので，教室の中でどんな練習が行われているかはわかりません。でも，合唱の練習にはあなたも参加するようになりましたね。いろんな生徒が声をかけてくれていたようで，とてもうれしかったです。

　合唱祭当日。我がクラスがステージに上る瞬間は私も目を閉じていました。あなたは当日学校には来ていましたが，ステージに上るかどうか最後まで心配だっ

たからです。また，K中学校の合唱祭は学級対抗になっていて，歌声だけではなくマナーなども審査の対象になります。あなたがルールどおりにステージに上がってくれるだろうかも次の心配事でした。私の胸がドクドクと高鳴っていたのを覚えています。ゆっくりと目を開き，ステージ上を見渡してもあなたの姿は見当たりませんでした。「やはりだめだったか」と思った瞬間，みんなとともに堂々とステージの中央に立っていることに気づきました。「やった！」と思うとともに「みんなありがとう」「山田。ありがとう」という気持ちになりました。

　その後の合唱は私には今までで最高の歌声に聞こえました。私は大満足でしたが，結果は残念ながら賞を逃したため，みんなが悔しがって暗い気持ちになっていないか心配していました。合唱祭が終わり教室での帰りの会に恐る恐るクラスに向かいました。しかし私の不安をよそにみんなの顔には笑顔があふれていたように見えました。賞は逃しましたが目標を達成したことに対して喜んでいたことを知り，私はとても誇らしく思いました。そのときにみんなで一緒にとった写真は今でも私の家に飾ってあります。

　いよいよ卒業が近づいてきて他の生徒は受験勉強に熱が入る時期になりましたが，あなたは勉強に対する関心はほとんどなくなっていたようです。私は高校進学だけが進路ではないと思っていたので，あなたと何回も話し合いましたね。車関係の仕事に興味があると知り，ハローワークにも一緒に行きました。しかし，なかなかあなたの希望する進路に出会わせてあげることはできませんでした。そんなころ，ある出来事がきっかけであなたは私に「何でオレばっかり！」と必死に訴えてきました。あることで他の先生に注意されたようです。あなたの顔つきから，尋常ではないことは容易に想像がつきました。本当は何か言いたいことがあったのでしょうが，私はどうしてやることもできませんでした。10年近くたった今もあのときのあなたの顔は忘れられません。あなたは今もこの言葉を覚えていますか？　今でも私の胸にはあのときの「何でオレばっかり！」という言葉がつきささっています。

「よう来てくれたの」

吉川 （事前に）山田の話を聞いて（章の冒頭を参照），一番印象に残っているのは少年院のことや。少年院が山田の運命を変えたと言ってもいいのかなと思った。その辺りから聞きたいんやけど，まず，少年院の先生はどうやった？　厳しかったんとちがうんか？

山田 おう。でも，ものすごく教えてくれたで，ちゃんとな。吉川にしたってそんなに教えてもらった記憶はないぞ。それに，褒められた覚えもない。でも，●●（中学校の部活の顧問の先生）には褒められた覚えはある。●●は普段学校に行っていないオレが部活に行ったら「よう来てくれたの」と言ってくれた。それだけでも部活だけでも行こうかなという気持ちになるやろ。

吉川 なるほど。●●先生はそう言って迎えてくれたか。

山田 1時間だけ学校に行ったら，「1時間だけか」と言われるより「あ～来てくれたんやの」と言われた方がオレも気持ちがええやん。

吉川 そらそうやろの。

山田 オレが悪いんわかっとんで。でも，そのへんはわかってほしかったな。

吉川 すまんの。そんな風に声をかけてやれなくて。でも，内心はそんな気持ちをもってたんやけどの。

山田 いろんな子がおるけんの。ほんだら，オレが毎日部活だけ行っていることに対して「部活だけか」と言うんなら，不登校の子も何人かいたけど，その子らが1日来たらその子に「今日だけか」と言って怒る？

吉川 怒らんやろな。

山田 怒らんやろ。でも，オレ言われたことないで。●●以外の先生に。来てくれてありがとうなと。

吉川 なるほどなあ。

「何でオレばっかり」

山田 平等やないやん。いろいろ事情があって学校来ん子もおるやろ。ほんだらオレやって一緒やん。格好がどうやこうやと言う前に，来てくれてありがと

うとならんの？　不登校の子がオレと同じ格好してたら来るなと言う？　言わんやろ。

吉川　山田が言いたいことはわかる。

山田　結局オレみたいに自由に言いたいこと言ったり，怒鳴ったりするような世間一般でいえば不良みたいなタイプの人間と，気が弱いようなタイプの子と同じような対応する？　そうせんかったら平等じゃないんと違うか！

吉川　中学校当時もそう思っていたか？

山田　誰かとオレが喧嘩したときは，必ずオレより先に弱い方に事情を聞くやろ。何でなん？　その理由をオレは先に聞かれたことはない。

吉川　なるほどな。

山田　何で暴れたんやと先にオレ聞かれたことないぞ。先生とかはその二人に聞かないかんけど，絶対オレは後やろ。

吉川　それがあのときの「何でオレばっかり」になるんやな。

山田　そらそうや。むかつくやろ。最初は吉川も気にいらんかった。頭ごなしに文句ばっかり言ってきたからオレも暴れよったやろ。

吉川　そうやったなあ〜。

山田　ほんだけど，それを知ってくれてから物の言い方が多少は変わったやろ。

吉川　褒めていただきありがとう（笑）。

山田　先生の意思かどうかは知らんけど，考えてくれとるなあとは多少はわかった。

吉川　どんなとこでわかった。

山田　そら，高校にしたって就職にしたって探してくれただろ。

吉川　なるほどな。そう思ってくれてるんなら，オレもうれしい。じゃ，さっきの「何でオレばっかり」と訴えてきたときのこと話してくれ。

人間，見た目だけじゃないやん

山田　あの先生がAに対して何と言ったか知っとん？

吉川　あー知っとる。

山田　Aに対して「山田みたいに高校に行かんのか」と言ったんで。山田みたいにってなんや。どう考えたってAの方が上やろ。オレが見た目こんなんで格好がこんなけんというだけでバカにされた気持ちや。
吉川　見た目で判断されたって感じたんやな。
山田　今は見た目で判断されるのはわかるよ。でも，当時はあまりわからんかったかもしれんけどな。今思うのは，見た目は問題あるかもしれんけど，人間，見た目だけじゃないやん。
吉川　そりゃそうやな。
山田　先生の言うとおりに何でもすることがいいことか？　先生が勉強しろと言えばずっと勉強せないかんの？

少年院は楽しかった

吉川　じゃ，山田にとって理想の中学校ってどんな学校や？
山田　少年院は楽しかった。
吉川　楽しかったか。もっと詳しく教えてくれ。
山田　厳しいけど，楽しかったで。いろんな話聞いてくれるもんな。
吉川　少年院はどんな授業の時間がある？
山田　体育みたいなのもあるけど，体育は授業じゃない。運動の時間や。授業ではこんなことしたらいかんとかいう道徳みたいなのが多いわな。
吉川　なるほどの。それで。
山田　みんな少年院に入っている理由は違うやろ。そのことに関して少年院の先生は詳しく聞いてくれる。頭ごなしに「何でこういうことをしたんや」じゃない。ちゃんと理由を聞いてくれて，その上で「どこが間違っているかわかるか」と聞いてくれる。そういう聞き方をしてくれたら考える部分も違うやろ。
吉川　オレとは真反対やな（笑）。
山田　運動会も楽しかったな。楽しく走れたな……。
吉川　何が楽しかったかちゃんと教えてよ。
山田　どうしてやろな？　生徒どうししゃべったらいかんけん，だれもしゃべ

らんのぞ。

吉川　しゃべらんのに楽しい？

山田　何でやろな……何でかわからんけど，オレは中学校のときの運動会に参加しようと思ったことないし。ほんだけど，少年院の運動会はものすごく楽しかった。

吉川　ほう〜。何で？

山田　オレもようわからん。でも本気やったなあ。

吉川　本気になってやれたんやな。何で本気になれるんやろ？　当時の中学校のことを思いだしたら，山田が一生懸命走るとは思えんな……。

山田　そやろ。水泳もがんばったで。

吉川　何でそこまで一生懸命できたんやろな？　しかも，中学校だったら周りの友達と話してもいいけど，少年院だったら黙っとかないかんのやろ？

山田　黙ってじゃないけど，応援とかはかまんのや。個人どうしで話したらいかんのや。先生に話しかけるんじゃなくて，先生を応援するのはかまん。言うことは決まっているけどな。何寮がんばれとかはええけどの。でも，規則はものすごく厳しい。厳しい学校みたいな。ほんでもオレからしたら中学校よりかは楽しかった。

吉川　何でそんなに一生懸命できるんやろ？

山田　そら，早よ出たいというのもあるやろけどな。でも，ヤンキーみたいな子もおるけど，本気で水泳しょるけん。

吉川　ますますわからんようになってきたぞ。

山田　たぶん刑務所だったらそう思わんかもしれんけど，少年院は楽しかったな。

吉川　少年院は罰で入っているというよりも更生施設やからな。そのあたりが関係しとるかもしれんな。

お前が悪いとはいっさい言わん

山田　いろいろ聞いてくれたりするからかもしれんな。

吉川　もう少し中学校でもいろいろと聞いてほしかったか？
山田　少年院でも聞いてほしいと思ったことはないけど，聞いてくれたらしゃべってしまう。それでついつい思っていることをしゃべってしまうけんな。
吉川　たとえば？
山田　そやな。オレが悪くないと言ったら悪くないけんな。
吉川　どういうこと？
山田　自分は悪くないと言ったら，少年院の先生はそれは信じてくれるんや。全部が全部はオレが悪いとは思ってないもん。理由はどうであれしたらいかんことはしたらいかんけど，少年院の先生だったら，理由は向こうが悪いなと言ってくれるもんな。
吉川　なるほど。
山田　中学校やったら，たとえば，オレをばかにしたヤツをオレが殴るやん。そしたら，殴ったことが悪いって怒られるやろ。そしたら，バカにしたヤツに対してバカにしたことを怒らんのかっていう話や。オレからしたら何でなんっていう話やろ。それがなかったらオレも殴らんかったわけやけん。まず，バカにしたやつを怒って，その後オレを怒ったらえんちゃうん。それはいまだに考えは変わらんな。
吉川　それが頭の中に残っとんやな。
山田　だから，中学校は楽しくはなかったな。いっさい。でもな，少年院の先生はお前が悪いとはいっさい言わん。
吉川　一度も？
山田　絶対言わん。
吉川　へーっ。
山田　ほなけど吉川は言うやろ。
吉川　言う。絶対言うよ。オレは。
山田　オレ言われたことあるのに。お前が悪いぞって。違うもん。オレだけじゃないもん。オレは悪いん知っとるよ。でも，オレだけじゃないやろ。
吉川　なるほどな。

山田　そんなん言われたら話しようとも思わんもんな。
吉川　はっ，はっ，はっ（笑）。まあな。
山田　そやろ。オレが覚えとんのは運動会のときに緑の靴はいとって何の迷惑がかかった？　校則やぶったけんいうてそこまで怒られないかんの？
吉川　山田の言うことはわかるんやけど，学校自体はそういうところや。
山田　それはわかるんやけど，緑の靴はいとっただけで何でそこまでもめないかんの？ってなるやろ。
吉川　なるな……。
山田　それはこっちも頭に上るやろ。頭ごなしすぎるな。
吉川　頭ごなしに感じたんやな。

全部を褒めてくれるし怒ってもくれる
山田　今やけん言うけど，先生が言いたいことが伝わらんもん。伝えようともせんやろ。校則破ったけど，ふだん出んオレが運動会の練習にはちゃんと出とるけんな。ほな，まず，そこを褒めてほしかったな。
吉川　褒めてほしかったか。
山田　ふだん出んのやけん。ふだん出んオレが今日出たときに，とりあえず緑の靴はいかんぞじゃなくて，今日来てくれてありがとの。でも緑の靴はやめろよくらいでなかったらいかんのちゃうか。
吉川　少年院の先生の立ち回りはそんな感じか。
山田　そう。全部を褒めてくれるし怒ってもくれる。
吉川　なるほどな。
山田　でも，中学校は違うやろ。まず，怒ることが先やろ。じゃないと思う。
吉川　そんなんばっかりやなかったけどな。
山田　でもな，それが1回あったら，プラスよりマイナスの方が多く感じるやろ。悪いことの方が覚えとるんや。ほんだら，褒められたんや覚えとるわけないやろ。そんなんがほとんどやのに。先生はそればかりじゃないというけど，そう感じるもんなんやぞ。褒められた覚えないもんオレ。

吉川　中学校に入って褒められたんは部活のときぐらいか？
山田　おう。●●だけは怒られた覚えがほとんどない。怒られたことあるけどな。
吉川　あっ。怒られたことはあるけど，怒られた記憶がないということか。それよりも褒められた記憶が残っているということか。
山田　そう。怒られたんと褒められたんは一緒くらいやと思う。でも，言い方が違うんやろな。
吉川　少年院の先生もそんなんか？
山田　少年院の先生は親みたいなもんや。何でも聞いてくれる。この話で満足した？
吉川　ええ話やった。少年院が楽しかったのは意外やった。そこからオレも学ばないかんなあ。
山田　でも，少年院の楽しさは先生にはわからん。絶対わからん。
吉川　そうやろな。行ったこともないけんな。
山田　少年院の方がええ先生やな。
吉川　山田にとってはそうだったんやろな。
山田　おう。オレみたいなんにとっては少年院の先生はみんなええ先生やぞ。真面目な子からしたらわからんけどな。

少年院では勉強しようと思った

吉川　じゃ，勉強のことはどうや。中学校は勉強するところやぞ。
山田　中学校では勉強しようとは思わんかった。高校行こうと思わんやつにとって何にも価値がない。でも，少年院ではしようと思った。
吉川　少年院出て高校へ行くわけでもないのに。何でや？
山田　資格取れたりするからかもしれんな。
吉川　少年院で資格取れたりするん？
山田　漢字検定やったりの。オレ2級もっとるし。
吉川　そりゃオレより上やぜ!!

第 5 章 「何でオレばっかり！」

山田　そろばん検定やってオレ 2 級もっとるけんな。賞状どっかにあるで。
吉川　そんな風に自分でがんばったことが証明されたらうれしいもんか？
山田　そら取れたらうれしいわな。そんで進みみょる感があるわな。
吉川　一人一人が進むスピードは違うやろ。どうするの？
山田　オレより先に入っとるのにまだ 6 級受けとるヤツもおるけど，先生はそれに対して怒るようなまねはせんし，その子のペースに合わして進めるやん。それでいちいちあら探しみたいなことせんし。
吉川　なるほど，あら探しな。

ひっかかる言葉
山田　悪いとこ怒るんでなくて，ええとこを褒めるみたいなやりかたやな。そんな方が多いかな。ほなけん，そろばんめちゃくちゃできん子でも，漢字できる子もおるやん。ほんだら漢字の方をものすご押して押してするやん。そろばんも教えるんで。ほなけど，そろばんできんでもそのことは怒ろうとせんと，漢字をものすごく褒めて漢字を伸ばそうとするよな。その子のええとこを伸ばそうとするわな。口の利き方が悪い，態度が悪い奴でも絵が好きな子もおるし，そんな子は絵がんばっりょるときはそんなんも言わんし。そんなときに先生も「お前，絵だけはまじめにするんやの」とも言わんし。
吉川　「ほかのことをせんのに絵だけやって」みたいに言わんということやの。
山田　そうそう。そんなときは「上手やの」とか「がんばれよ」とかそう言う言い方しかせんのぞ。「絵だけは好きなんやの」と普通に言うたつもりでも，その子からしたら「だけはってなんや！」となるやん。
吉川　そんな言葉は山田もひっかかるか？
山田　おう。いちいち間の言葉とかひっかかるやん。「お前が悪い」って言うんと「お前も悪い」って言うんも違うやん。やろ。ちゃうん？

聞き方・言い方の違い
吉川　繊細なんやな。

山田　そうや。気にしいなんや。

吉川　自分で気にしいって思うんか？

山田　思うな。いちいち気になるよな。で，いらっとする部分があるやん。ほんだらずっと覚えとるよな。しつこいと言われればそれまでかもしれんけど。ほなけど，その子からしたらものすごいやなことやったってことやろ。だけん覚えとるわけや。

　そういうことや。その子からしたらな。いつまで気にしよんやって言うんじゃのうて，ごめんのでええやん。

吉川　それを学校の先生が言わんのやな。

山田　そうそうそう。

吉川　そうやな。言わんというか，言えんときもあるんやけど，そのとおりかもしれんな。我々がちゃんと聞かないかん話やな。

山田　ほんだらオレが今そのことに対して根にもっとるかっていうたらそうでもないんで。でも，少年院とか行ったら学校との違いを感じる。こういう聞き方してくれたら違うよなと思うよな。聞き方とか言い方がぜんぜん違う。「こら！」って言われてもむかつかんもんな。

吉川　少年院では「こら！」とか「なんしょんや！」とか厳しく言われるんか？

山田　言われる。言われる。バリバリ。たとえば，「お前何やその座り方！」とか言われるよ。ほなけど，そんなんばっかりやないわ。

吉川　なるほど。山田の言い方を使えば，そんなん言われるけど，覚えてないっていうことやろ。

山田　そうや。覚えてないな。

吉川　それはすごいよな……。

山田　でも，人それぞれやと思うんで。中学校の先生の方がよかったっていう子もおると思うで。でも，オレにとったら少年院の先生の方がずっとよかった。

吉川　少年院の先生ってどんな人っていえる？

山田　そうなや。世の中にはいろんな人がおるやろ。目立たん子もおるやん。

オレみたいに目立つ子もおるし，普通の子もおる。目立たん子は目立たん子で気にされるやろ。目立つ子は目立つ子で気にされるやろ。ほんだら普通の子は？　その子に対しても少年院の先生は平等やんな。
吉川　平等って？
山田　おう。少年院の先生は目立たん子に対しても怒鳴るし，目立つ子に対しても怒鳴るやろ。普通の子に対しても怒鳴るんよ。
吉川　なるほど。でも，少年院の先生がそんな風にしてることによく気づけたな。
山田　ちゃうちゃう。うれしいやん。あの子と一緒にされとるやんって。

その車がものすごく光ってみえる
吉川　それで一緒なんやな。山田が言いたいことはよくわかった。忙しいのに時間割いてくれてありがとう。最後に山田の夢を聞かせてくれ。
山田　そやな。オレが塗った車が駐車場に停まっていたりしたら，オレにはその車がものすごく光ってみえるやん。そんな仕事をこれからも続けていきたいと思う。オレにはその車のオーナーが自信満々に乗ってくれているような気がする。そこはそこで褒められよるような気がする。
吉川　きっとそんな車がいっぱい増えてくると思うよ。がんばれよ。

吉川先生

　対談といっても実際は山田くんへのインタビューに終始していますが，この対談は私にとってとても勉強になりました。実はこの対談を申し込んだ時期は，彼も非常に忙しい時期であったにもかかわらず，2時間近く時間を割いて話をしてくれました。彼は車のカスタマイズをする会社を立ち上げている会社のオーナーです。最近結婚もしたのですが，不安定な収入をカバーするために，朝から夕方まで自分の会社で仕事をした後に運送業のアルバイトをしており，寝るのがいつも夜中になるそうです。2～3時間寝てまた仕事という感じの生活が続いているということで，今回の取材の申し込みも「先生はいつでも急に言ってくるんやけん。もっとはよ言うてくれ。オレも忙しいんやけんの！」と言って怒られました。でも，読者の方にくれぐれも誤解してほしくないのですが，対談中の互いの言葉遣いはあまりよくありませんが，互いに笑顔での対談でした。私は彼が成長したなあ～と強く感じました。いや，これが彼の本当の姿なのでしょう。中学校のときに出会った彼は，本来の自分を隠さざるを得なかったのだと思います。また，対談の最後に私は少年院のことが話題に出るので仮名にすることを勧めましたが，そのときだけはちょっと怖い顔をして「仮名にするんだったらもうやめる！」と言ってきました。私は彼の仕事に影響があってはならないと思ってそう言ったのですが，彼は自分の生き方に誇りをもっていました。特に彼なりの平等という感覚がそうさせたのだと思います。格好で人を見るな。中身で判断しろ。オレはそれだけの技術をもっている。ということだったのでしょう。彼の仕事場や仕上げた車の写真を少し見せてもらったのですが，素人の私が見てもびっくりするほどすばらしいできの車がそこにありました。きっと少年院の先生だったら，仮名のことについても先にどうしたいか聞いていたのだと思いますが，まだまだ私は少年院の先生にはなれないなあと反省しました。また，対談を終えての感想を本人にも書いてほしいと思っていたのですが，「忙しい。先生書いといて」と一蹴されました。この対談をしたからといって，彼の気持ちが変わるようなことはないと思います。変わったのは私です。そのため，ここでは，私がこの対談を振り返って感想を書くことでまとめとさせていただきます。

　さて，本題に入りますが，彼との対談で最も印象に残ったことは少年院が楽しかったということです。ものすごく厳しいけど彼にとって楽しい。これはいった

い何を意味するのでしょう。自分の好き勝手にすることが本来の楽しさとは異なることを意味することはわかります。彼にとって厳しさを超越して感じる楽しさとはいったい何なのかの真髄の部分は彼にしかわからないかもしれませんが，自分を一人の人間として認めてくれることであることは私にも容易に理解できます。それが少年院の中にしかなかったことは彼にとって不幸だったかもしれません。もし，中学校の中にそんな心の居場所があれば，彼も少年院に行かずにすんだことでしょう。中学校で必死に働いている先生方の名誉のために言っておきますが，決して彼を一人の人間として認めていなかったことはありません。でも，全く彼には伝わっていなかった。唯一部活動の顧問の●●先生だけは，その思いが彼に伝わっていたといえるでしょう。私も当然彼を思い，何とか中学生として一人前に育てたいと思っていました。その思いが時には彼とぶつかる原因になってしまったのかもしれません。そこには彼のように繊細な心の持ち主に対しての私の意識の低さ，人間としても未熟さがあったのだと思います。これくらいはわかってくれるだろうという自分本位の考え方です。対談の途中で出てきましたが，「お前が悪い」って言うのと「お前も悪い」と言うことの違いです。私も注意して使うべきだと今は思いますが，その場で果たして冷静にそう言えるかといえば自信はありません。また，さらに付け加えなければならないことは，本人がそう感じることが重要だということです。少年院の先生がバリバリ叱っていても，彼はそのことはあまり覚えていませんでした。●●先生も決して褒めるばかりではなく，彼いわく，褒めるのと叱るのが半々だったようです。でも，その先生が自分を認めてくれたことだけが記憶に残り，叱られたことは印象に残っていないのです。自分を認めてくれている先生だと強く認識しているからこそ，叱られた行為の中に負の感情は存在せず，注意されたことに素直に従えるということなのでしょう。とても厳しくされても，楽しいという感覚しか残っていない少年院は彼にとってそんな場所だったといえるでしょう。

　この事例は一見褒めることが大切だということを示しているのですが，それと並行して厳しさがあってもよいということも示しています。私は褒めるだけでは教育は成り立たないと思っています。生徒の足りない部分を指摘し，成長を促すために厳しさも必要ではないでしょうか。教師は時には生徒のために叱ることを恐れずに実行しなければならないと思っています。今回の事例は，厳しくしても

楽しいと実感させることができることを教えてくれたといえるでしょう。しかし，その前提としてすべての生徒を一人の人間として認め，互いに信頼しあえる関係がなければならないことも肝に銘じなければならないことです。

　もう一つ気になったことがあります。それは彼が少年院では「勉強が楽しかった」と言ったことです。中学校の現場で長く勤めていると，勉強がおもしろくないといって教室に入らなくなる生徒を何人も見てきました。その都度，現場の先生方は必死で対策を練って対応をしています。決して無関心に放置している訳ではありません。私はそんな生徒を放っている先生は一人もいないと信じています。しかし，有効な手立てがない，もしくは，現状ではできないというのが正しいと思っています。この問題を深く追及していくと，教員の多忙さや学習指導要領に記載された学習内容の問題に行き着くのでここではそこまでの議論は避けますが，まず我々は，勉強が本来誰にとっても楽しいものになり得ることを認識しなければならないと思います。対談の中で彼は，「少年院では勉強しようと思った」と答えています。正直に早く出たいという気持ちが働いたとも言っていますが，それはほんの少しだったのではないでしょうか。彼に勉強しようと思わせた要因は何でしょうか。彼は漢字検定やそろばんで賞状をもらったことをうれしそうに話してくれたことから想像すると，やはり成果が出せるということが勉強への原動力になったに違いありません。言い換えれば，わかる，できるということでしょう。その方法として，少年院では自分の好きな学習を自分に合ったスピードでできるシステムがあります。そこでわからないことを先生にとことん聞きながら，自分なりの勉強を進めていき，そして，その成果を先生が認めていくことが大切なのでしょう。しかし，このような議論はこれまでも当たり前にされてきたことで，学校現場では多くの先生方が身を削ってやっていることです。でも，十分ではないのが現状でしょう。そこには先ほど申し上げた教員の多忙さや学習内容の問題があるわけですが，ここでは現実にできることを考えたいと思います。第一は授業の工夫だと思います。授業で全員が理解できるように教える。現状ではそれしかないでしょう。わかる授業の推進はずっといわれてきていますが，もし，彼が授業を理解し続けることができていたならば，人生も変わっていたことでしょう。しかし，そんな授業は簡単でないことを当然私も知っていますし，できるかといえば難しいとしか言いようがありません。でも，少しでもわからない生徒

が少なくなる授業をすることを心がけなければなりません。1時間の授業が子どもたちの勉強しようという意欲を生み出すこともあれば，もう勉強なんかやらないと投げ出してしまう子どもを生み出すこともあるのです。できないことを子どもの責任にしてはいけないと思います。教育のプロとして給料をもらっている限り，この点が最も追求されるべきことだと思います。方法論についての議論はここではできませんが，最近の流行で少し気になることがあります。それはアクティブラーニングです。主体的・対話的で深い学びにけちをつける気持ちは毛頭ありませんが，今回の事例からすれば，彼にとって最も大切だったことはわかる・できるということだったと思います。その成果が何級などと目に見え，それが励みとなったのでしょう。アクティブな学習方法にだけ注目が集まり，地道に書いたり，覚えたりする学習の時間が軽視されることがない様にだけはしてほしいと思っています。

　最後になりましたが，この話が現場の先生方へのエールになればと思っています。先生方一人一人が真摯に取り組むしかないのかもしれませんが，先生方の目の前にいる一人の子どもを救う希望の光になってくれればと思っています。また，時間を割いて話をしてくれた山田くんにも感謝の意を表します。本当にありがとうございました。

第6章 「あそこで変われてなかったら,今ごろどうなってたかな」
―― 通級指導教室での体験のもつ意味

芳倉優富子先生・高中伸介さん

　芳倉先生と高中さんは,小学校の通級指導教室の教師と生徒という関係で出会いました。出会ってから10年近くが経ちますが,芳倉先生は当時の自分の判断や対応に高中さんがどういう思いを抱えていたのかを聴きたいと思っていました。発達に課題があった高中さんが中学校に進学するとき,自分の判断で特別支援学級を勧めたことが高中さんのその後の人生にどのような影響を及ぼしたのか。自分のその判断が,高中さんにとって正しかったのか,間違っていたのか。それを聴いてみたいと思ったのです。

高中さん

> **当時の関係の中でとくに印象に残っている出来事**
> 当時，どんなことに悩んでいたかは覚えていないのですが，悩んでいた時に先生が僕の気持ちもくんで一緒に考えてくれて一緒に悩みを解決してくれたことです。
>
> **その出来事をどう感じていたか**
> 自分の味方になってくれる人が親以外にも居てくれてとても嬉しかったです。
>
> **今だから先生に聞きたいこと**
> その当時の自分は正直どんな子供だったのかということと，その当時から今大人になれているか聞きたいです。
>
> **今だから言えること**
> その当時はありがとうございます。
> 当時の経験があるから今楽しく過ごすことができていると思います。

芳倉先生

> **特に印象に残っている出来事**
>
> 　高中くんと初めて出会ったのは，小学1年生入学時です。保護者から相談を受け通常学級で担任に支援してもらいながら学校生活をスタートする事になりました。3年生までは，私が通常学級の子どもたちの支援をコーディネートし，担任と支援の方法を考え通常学級の中で学校生活を送っていました。トラブルは，時々あるものの好きな野球の話を楽しそうにする明るい高中くんでした。そして，私は通級指導教室の担当をすることになり，転勤をしました。
>
> 　その後，高中くんと再会したのは4年生の終わりです。通級指導教室で相談をしたいと学校から連絡が入り，母親に連れられてきた高中くんは，以前のように無邪気な明るい児童ではなく，元気のない力の抜けたような印象に変わっていました。話を聞くと担任の教師と相性が悪く，毎日怒られていたと話してくれました。自分ばかり怒られる，なぜ怒られるのかわからない時が多いと話し，「あの先生は，おれのこと大嫌いやねん」と話していました。
>
> 　通級指導教室での2年間の指導を経て，中学校に進学する時に，保護者と本人と3人で話をしたことも印象に残っています。中学校には通級指導教室がなく今のようなトレーニングや支援が受けられない事を話し，どうするか聞いた時，「中学校になって，小学校の時みたいに怒りたくない，かっとなって怒ったときに誰かに止めて欲しい。」と高中くん本人が言ったことが，心に深く残った事を記憶しています。
>
> 　高中くんと保護者と3人で話し，自分の行動を止めてくれる人がいて欲しい，かっとなってしまった時にクールダウンする空間が欲しい，行動を振り返り，調整できるように話を聞いてくれる人がいて欲しいということを確認し，そのような支援をしてもらうために特別支援学級に入級することになりました。高中くんのように行動に課題のある児童が学校生活を送るためには，必要な支援なのですが，その当時の中学校では通常学級で入学すると支援ができるかどうかわからないと言われ，特別支援学級に入級することになったが，高中くんはそのことをその当時，どう思っていたのだろう。教師の私や親に勧められたからそうしたのか，自分でも助けてくれる人がいたほうがいいと考えて入級しようと考えたのだろうか。

この話し合いのことを高中くん本人は，どう思っていたのか。教師の私は，2年間の指導の結果，高中くん自身が自分のことをしっかり理解できるようになり，その上でこれからの自分のことを考えようとしていると思っていましたが，本当にそうだったのでしょうか。

　高中くんの指導は，5，6名の児童で小グループを作り，その子どもたちの課題に合わせてターゲットスキルを決め，ロールプレイを見て話し合い，自分にあうスキルを見つけ出してロールプレイをやってみる，そのスキルを使って活動をしてスキルを身につけるようにトレーニングするというものでした。スキルトレーニングだけでなく，自分の感情や相手の感情について考える学習も大切にしてきました。自分の感情を言葉で表現したり，その感情を今までの出来事と合わせたりして，今までの出来事を振り返り，その時の自分の中にあるさまざまな感情と向き合います。喜び，楽しみなど良いとされる感情だけでなく，悲しみ，怒り，不安など，子どもたちが負のイメージをもちがちな感情も自分にとって大切であり，自分の経験やこれまでの出来事を振り返って話さなければならないときもあり，子どもたちにとって言いにくいこともあったことと思いますが，そのことをどう思っているのか，また感情をコントロールするという学習もしましたが，感情のコントロールの苦手な子どもたちにとってその学習は，苦しいものだったのでしょうか。

　担当としての私は，自分の感情や相手の感情について考える学習は，子どもたちにとってとても大切な学習になっていると考えています。感情の振り幅が大きいときに冷静に考えることは難しいですが，落ち着いて考えることで，自分の感情を理解し，必要なときには調整することができるようになると考えているからです。この学習は，役に立ったのでしょうか。また，通級指導教室のソーシャルスキルトレーニングの中で，どんな学習が大人になった高中くんにとって学んで良かったと思っているのでしょうか。

第6章「あそこで変われてなかったら,今ごろどうなってたかな」

今の仕事

芳倉　聞きにくい,言いにくいことも聞かなあかんかもしれへん（聞かないといけないかもしれない）ので,いらんかったら（嫌だったら）「それは答えられへんわ」とか言ってくれたらいいからね。

高中　了解です。

芳倉　はい（笑）。今はどうなん？　今,仕事を始めて,始まってさ,高校とかと仕事と全然ちゃうやん。

高中　うん,まあ必死。

芳倉　必死。毎日？

高中　朝が早い。

芳倉　朝早い。何時に出てるの？

高中　6時半前ぐらいに……いややな。

芳倉　で,仕事場はどこなん？

高中　A（地名）。

芳倉　ああ,あの大きいとこ？

高中　そう。

芳倉　あの,でーんって大きいところあるやん,Aの？

高中　そうそう。

芳倉　駅のとこに。駅からちょっとこっちへ来たとこやろ。

高中　まあ。そんな感じ。

芳倉　そこやな。ふーん。そうなんや。でも仕事のほうが頑張らなあかんとか思ってる？

高中　いやあ,とくにそれは。

芳倉　……は,ないの？（笑）

高中　（笑）

芳倉　そうか。今,いくつ？　19になったん？　18？

高中　まだなっていないです。18歳。

芳倉　18歳か。先生はさ,B（小学校）におったから,1年生のときからシン

123

くんのことは知ってんねんけど，な，でも担任ではなかったので。
高中　そうですね。

小学校と通級指導教室
芳倉　小学校のときって覚えてる？　小学校のときのこと。
高中　小学校のときのこと？　あんまり覚……。
芳倉　あんまり覚えてないの。担任の先生のこととか覚えてる？
高中　ああ，だいたい覚えてる。それは覚えてるかな。
芳倉　それは覚えてる？　ふーん。
高中　2回なった人がけっこう多いから。
芳倉　え，誰？　2回なった……。
高中　●●先生が2年連続なって。
芳倉　うん。
高中　3年と5年のときに××先生で。
芳倉　ああ，××先生か。
高中　で，4年で□□先生で，6年で●●先生っていう。
芳倉　6年が●●先生やってな（だったのね）。
高中　●●先生。
芳倉　ああ，そうかそうか。
高中　★★子の方。
芳倉　★★子先生な。うんうん，はいはい，なるほど。○○（通級指導教室）に来たのは，4年生のときやったっけ。
高中　5らしい。
芳倉　5年，始まってから？
母親　5年，始まるとき。
芳倉　始まるときやって。
高中　あれ，6年の1年だけかなと思って。
母親　いや，5年の初め……あ，5年の終わり……。

芳倉　5年の途中で1回来たのか。で，ちゃんと正式に通うことになったのは，6年生からやったんやなあ。で，6年生の1年間。
高中　たぶん，そんな感じです。
芳倉　そうやんなあ。

野球の話が好き

芳倉　……友達とかはわりと多かったよなあ。
高中　そう。
芳倉　なあ，多かったよなあ。小学校はどうやった？　楽しかった？
高中　まあまあ，普通。
芳倉　まあまあ楽しかった。明るかったもんな。先生がおるときは，ようさ，△△（プロ野球の球団）の話しに来とったやん。
高中　△△は好きや，今でも。
芳倉　今でも好きなん（笑）。
高中　ずっと好き（笑）。
芳倉　今でもやっぱり好きなん。もう絶対さあ，△△の選手の△△のな。
高中　△△はもう好きやね。
芳倉　大阪やけど，△△が好きっていうのが。
高中　そう。
芳倉　な，有名やったもんな。
高中　そう。
芳倉　だからほら，先生がB（小学校）に行っているときは，△△勝った日は，けっこうな，機嫌よかったもんな（笑）。
高中　（笑）それ，たぶん今でも変わっていない。
芳倉　今も変わっていないの。ああ，そうなんや。そうかそうか。

手を出す先生

芳倉　……5年の途中で○○（通級指導教室）に来たときに，相談をもう一回

しようと言って来てんけど，その4年生の担任の先生のこととか覚えてる？
高中　□□先生？
芳倉　うん。
高中　まあ，すぐ手え出たな。
芳倉　ああ。
高中　けっこうすぐ手え出る人やった。
芳倉　うん。
高中　人はほんまに悪くはなかったんやけど，けっこうすぐ手が出る人やった。
芳倉　それ，やっぱり手出されると，やっぱりいらんかった？
高中　まあ，悪いのは自分やけど，手出さんでもよくないかなと思うときあった。
芳倉　ああ。「悪いのは自分やけど」っていうのは，怒られることに関しては悪いことしたなと。
高中　仕方がないかなと思う……。
芳倉　うんうん。そうなんや。そういう思いはあったんやね。で，5年生は××先生か。5年生のときは割と……。4年生のときは手出されたっていうのあったけど，5年はどうやったの？
高中　手は出なかった，絶対。
芳倉　手は出なかった。ああ，女の先生やしな。
高中　そう。

「こいつ，どうなんや」

芳倉　……で，その中で，やっぱり学校の中でうまいこといけへんなとか，そんな思いはあったん，自分で。
高中　うん，たぶんあったと思う。
芳倉　たぶんあったと思う。漠然と。何あったかは覚えてないけど，っていう？
高中　そう。

芳倉　ふーん。そうか。それな，うまくいかへんな，て思っていたのは，友達とかのこと？　それともその……。
高中　……も，やし，たぶんその先生のことも。
芳倉　先生たちとのこと？
高中　そう。□□先生とも，あんまりなんか。まあ，仲はよかったほうやと思うんすけど，たぶん，どうなんかなと，実際は。
芳倉　どうなんかな……と，うん。……そうか。□□先生とは仲はよかったなとは思ってんねんな，今もな。
高中　たぶん仲はよかったと思う。けっこうしゃべることも多かったし。
芳倉　せやな（そうだね）。よかったけど，やっぱり怒られたとき？
高中　そう。怒ったらすぐ手え出るから。怒ったらすぐ手え出るんで，あの人は。
芳倉　ああ。
高中　こいつ，どうなんやと思った。
芳倉　え，なんて？
高中　僕，「こいつ，どうなんや。やばいんちゃう」と思うときもあって。
芳倉　そういう，切れ方というか。
高中　そう。
芳倉　うんうん。反対に小学生ながら，この人どうなんやろうって思ってた。
高中　こいつ，やばいなと思ってた。
芳倉　ああ。そういう思いはあったんやな。そんときは，どうやって返してたん？　別に……怒ってた？
高中　ごめんなさいって。
芳倉　ごめんなさいって。
高中　それでもう収めようとしてた。
芳倉　ああ，収めようとする。
高中　謝れば収まると思っていたから。
芳倉　あ，なるほど。……でもそのときって，けっこうイライラ募っとったや

ろ？
高中　たぶん，そう。あったと思う。
芳倉　なあ。

先生の思い

芳倉　あんまり覚えてないって言ってたけど，どんな子どもやったのかなってな。初め来たときは，すごいたまってるなって思う思いは，先生の中には。その1年，2年のとき，先生がB（小学校）におるときのシンくんと，ちょっと違うかなっていう思いはあって，で，なんでそうなってしまったんやろうっていう，思いっていうのはけっこうあったかな。うん。クラスの中でもさ，やっぱり▲▲先生とかさ，シンくんのことわかったりして，いろいろやってくれてたと思うし，それは怒られることっていうのは，ちょこって何かやってしまったりして（笑），言ってしまったりして，たぶんあると思うんやけど，そういうとこも担任の先生がちょっとスッてスルーしてくれてたり，ちょっと声かけてくれてたり，プラスのほうにな，声かけてくれてたりっていう，そういうところがあれば，うまく，そんなに，しんどい思いもしなくてすむんちがうのかな，っていう思いはあって。そういうのを先生は，その前の学校を出るときに，他の先生たちにも託したつもり。それはシンくんだけじゃないんだけど，他の子のことも託したつもりなんやけど，そこがやっぱりうまくいかなかったんかな，っていう思いはあって，「ごめんな」みたいなのはあってんな（あったのね），先生からすればね。ああ，そうなんやって。

　……当時悩んで，あんま覚えていないって言ったけど，うまくいかない，担任の先生ともうまくいかないし……ていうのは，ちょっと今から思えばあったな，というのはあるんやな。うん。

通級指導教室に通い始めたとき

芳倉　で，○○（通級指導教室）に来てくれたやんか。6年生から来ることになって，○○（通級指導教室）ってさ，教室とはほんま違うやん。

高中　違う。
芳倉　他の教室とは違って……。全然違う。学校の中にはあるけど，通級指導教室って全然違う場所やなというのは，思ったやんか。その通って来たとき（のこと）は何か覚えてる？
高中　来たとき？
芳倉　うん。来たときというか，通い始めたときというか。
高中　……始めたとき？
芳倉　うん。来たときというか，通い始めたときというか。何か覚えてる？　先生のことは知ってたやろ。
高中　うん。でも他の人知らんかったから，どんな人なのか，みたいなのは絶対あったと思うし。
芳倉　うんうん，他の人な。他に通って来てる子とかやろ。
高中　そうそう。
芳倉　他の学校からも来るもんな。
高中　そうそう。
芳倉　うん。そういう不安はあったん？
高中　あったと思う。
芳倉　で，なに？　うまくいくかなとか，うまくやれるかな，みたいな不安。

人との距離が縮まっていく
芳倉　で，そん中で小グループやけど，いろんなことをしてきたやん。それはどう。どうやった？
高中　楽しかったと思う。
芳倉　楽しかった。初めは不安はあったけど，そこは楽しくできた？
高中　はい。それきっかけで馴染むとかもあったと思うし。
芳倉　あ，そういうのがきっかけで？
高中　そう。たぶんあったと思う。
芳倉　馴染めるというか？

高中　そう。

芳倉　え？　クラ……。

高中　とけ込んでいけるみたいな。

芳倉　ああ，ああ。

高中　周りに。

芳倉　うん，うん。

高中　距離が縮まっていくみたいな。

芳倉　友達と？

高中　そうそう。

芳倉　人と？

高中　そうそう。

芳倉　なるほど。ほなな，来る前は少し人との距離っていうのはシンくんなりにとってたん？　とってる子もいれば？

高中　無意識にとってるところもあったと思うし。

芳倉　ああ，無意識に。ああ。なるほどね。だけど○○（通級指導教室）で，ま，初めは不安やったけど，なんか楽しくできたり，遊んだりもしてたし，いろんな活動もしたやんか。遠足にも行ったりとかしたやんか。そういう中で自分でも，「あ，なんか，つかめた」「なんか，あ，行けるかな」みたいな？

高中　たぶん，つかんだと思う。

芳倉　うんうん。それは人とのかかわりの仕方っていうか？

高中　そうやと思う。

芳倉　な。○○（通級指導教室）はその，人とのかかわりの仕方みたいなものを，もう一回一から少しずつ少しずつ，まあ勉強っていうことないけど，活動を通してやってたやんか。その中で，そういうのはつかめたのかな？　で，その1年というのは，まあ1年間やけど，1年というのはシンくんにとっては割と「あ，来てよかったな」と思う1年やった？

高中　間違いなく。

芳倉　間違いなく。自信も取り戻せたってこと？

高中　はい。
芳倉　不安とかあったけど，自信も少し取り戻せたと？
高中　はい。
芳倉　ああ，なるほど。そうしたら，ほんまに１年間やから，次，中学校行くやんか。その中学校行くにあたっての自信みたいなもの，ちょっとやっていけるかなっていうのは，できた？
高中　できました。
芳倉　できました。そうかそうか。もう一回考え直せたということ？　そこで。なんかその１年で，いろんなことやりながら，自分……。
高中　こうしたらうまくいくっていうのが，つかめた，感じではあったと思う。
芳倉　感じではあった。ああ，なるほどね。そうかそうか。そう言ってもらうと，先生もすごい嬉しくて。（笑）だってね，シンくんは，他の子３年とかさ，来てる子もいてて（いて），けどシンくん１年で。だから，シンくんにどんなことを，どんな内容をね，SSTってすごい幅広いから，どんな内容をそこの中に入れていけばいいのか，っていう悩みみたいなものはずっとあって，先生自身ね。カリキュラムは先生がつくっていくから，だからそれがほんとにどうなのかっていうんも，まあ今回ね，この中では聞きたかったことではあるねんな。
高中　そうですか。

みんないい人

芳倉　……いっしょにやってた子っていうのは，どういうふうに感じてた？　いっしょに来てた子とかいるやんか。いろんな子来てたと思うねんけど。
高中　みんないい人やなと思ってた。
芳倉　みんないい人だなと思ってた？　みんな優しいなと思ってた？
高中　そう。
芳倉　あ，なるほどね。そやな，悪口，絶対言わへんもんな。
高中　あんま言わへんかな。
芳倉　そやな。あんまり言わへんもんな。……それはな，まあ，○○（通級指

導教室）の中では，そうやって自信をもってくれてて，やけど今度教室に戻ったときはどうやったん？　6年生になって。

高中　いや，すんごい楽しかった。

芳倉　ああ，そう。ふうん。6年生は楽しく過ごせたんやな？　ふうん。それは○○（通級指導教室）でやったこととか，そういうのん（そういうの）は教室でも応用できたというか，なんかそこへもっていけた？

高中　存分に発揮したと思う。

芳倉　存分に発揮してた？　わ，すごいな，それ。たとえばどんなことって，覚えてる？

高中　いや，あまり覚えてないけど，でも，その，普通にみんな分け隔てなく，クラスの子らとわいわいやってたような気がする。

芳倉　ああ，なるほど。

高中　クラス分けもよかったのかもしれん。

芳倉　ああ，クラス分けもよかったかもしれへん。

高中　隣のクラス，けっこうみんな仲よかったし，みんながけっこう仲よかった。

芳倉　学年みんな仲よかったの？　ふーん。そうか。それって，いい1年やったんやな。

高中　とてもよかったと思う。

芳倉　とてもよかった。ふーん。そうかそうか。……それでさ，○○（通級指導教室）は，ほんまにその，シンくんにとって，通ってよかったところでは……。

高中　はい。

芳倉　今のシンくんにとっても，それはそう思う？

高中　はい。

芳倉　思う？

高中　あっこ（あそこ）でたぶん変われてなかったら，今ごろどうなってたかなという……。

第6章 「あそこで変われてなかったら，今ごろどうなってたかな」

芳倉　どうなっていたかなって？　ふーん。先生も〇〇（通級指導教室）で，いろんな，SSTね，友達との話の仕方とか，相手の気持ちの見方とか，読み方とか，話し方とか，そういうのをちょっとずつ勉強していったわけやけど。そう言ってもらえるとすごい嬉しいなって思うな。勉強していってよかったと。

周りに当たらないように
芳倉　学習もそうやけど，そこで，先生がな，すごい大事にしてきたことっていうのがあって，ちゃんと自分のことを考える，みたいなな，こともしてきたと思うねんな。腹が立ったときとか，どんなふうに，とかっていうのも，ちょっとそこの中でたぶん入れていってたと思うねんけど，そういう自分とのそれはある？　向き合い方みたいなのは考えた？　6年やったけど。
高中　考えたと思う。
芳倉　考えたと思う。ふーん。あんまりさ，他の6年生の子ってな，そういうことあんまり考えへんやん。でも〇〇（通級指導教室）来てる子は，先生がダイレクトにそういうことを「考えなさい」じゃないけど，言うから，考えるきっかけというか，そういう時間でもあったかなと思うねんけど，それはしんどくなかった？
高中　いやたぶん，しんどくはなかったと思う。
芳倉　しんどくはなかった？　ふーん。
高中　取りあえず，周りに当たらんようにはしようかなと。
芳倉　その中で？
高中　そう。モノとかには絶対に当たらない。モノ，人には当たらずみたいな。
芳倉　モノ？　ああ。モノとか……。
高中　…（聞きとれず）…しようかなあと思った。
芳倉　当たらないようにしようって思ったん？
高中　そうですね。
芳倉　なるほどな。その前はモノとか人に当たっとった？
高中　けっこう，壁蹴っ飛ばしたりして（笑）。

芳倉　（笑）なるほど。そうか。へえ。

会社のうっとうしい人
高中　壁蹴っ飛ばすのは，今でもやってしまうかな。
芳倉　腹立ったらな。それはな，誰でもな，バーンてな，あるときはあるけどな。
高中　会社の食堂の壁を蹴り飛ばしたり。
芳倉　びっくりするやろ，みんな，でも。会社の壁蹴ったら。
高中　いやあ，なんか俺が怒られたのを見とって，みんな食堂のコーヒースペースで。で，俺も「なんやねん，こいつ」と思って，めっちゃいらいらしてて，こんなん（こんなふうに）して聞いてて，めっちゃ腹立って，そいつ出ていった瞬間，壁をボーンと。
芳倉　（笑）
高中　「うっとうしいよぉ」っつって（と言って），壁を思いっきり蹴っ飛ばして，その「めっちゃ怒ったな」って言われ……。
芳倉　え？
高中　その後，上司の人に，それはちゃう（ちがう）課の上司なんですけど，「めっちゃ怒ってたな」と言われて，「すいません」っつって。

（中略）

芳倉先生だったから行った
――（山本）そのうっとうしい（と思った）人の話ね，きっとね，（壁を蹴ったのは）たぶん理由があると思うんで，高中さん（なり）の理由がきっと。で，なんて言うんかな，最初に〇〇（通級指導教室）に行くときに，私，「なんで俺が？」って思わんかったかなっていうのが一つあって。「担任（が）行っときよ」みたいな思いがあったんじゃないか。
芳倉　ああ，担任が悪いんやって。
――うん，そうそう。だから高中さんはもっている自分の力で精一杯訴えてい

たことが，結局自分が……ってなったことで，抵抗なかったんかなというのが一つと。だから怒られるときに，納得して怒られていること，ではなかったんかなと思ったりしたんで。もし，その人もね，むかつくうっとうしい人も，きっと（高中さんにとっては）理不尽なことで怒っている（と感じた）んじゃないかな，と私，今想像したんです。

高中　はい，そうです。間違いないです。

──はい，そうですね。そこをもうちょっと，その箇所だけ教えてもらえたら。最初の抵抗はなかったんか（と）いう。なんで自分が（と）いう。

芳倉　最初〇〇（通級指導教室）にな，来るときの抵抗，なんで？　だって担任の先生が悪いんやん……。

高中　担任の先生が悪いやんというのはなかったと思うけど。

芳倉　とは思わへんかったん？

高中　たぶんなかった。

芳倉　こいつが手出してるの悪いやんとか。

高中　たぶん，怒るにも訳があると思うし，たぶん，俺自身も悪いことしてるから怒られるんだと，というのがあったと思うけど。

芳倉　うんうん。

──なるほど。納得して，行ったいうこと？

高中　そう，いや，納得して行っ……。

母親　友達と……友達関係がうまくいっていない？

高中　ああ，そっちやと思う，たぶん。

母親　下敷きを折られたり，物さしを折られたりとかがあって，で，学校行きたくないって言い出したんですよ。……ほんで，こういうところがあるよって。

高中　最初は……。

母親　で，芳倉先生……。

高中　そう，芳倉先生というので，納得して。

──ああ，そうか。

母親　嬉しい。

芳倉　嬉しいね。
——芳倉先生やなかったら，もしかしたら行ってないかもしれない？
高中　行ってなかったかもしれない。

(中略)

わかってくれる人が必ずいる

高中　(会社のうっとうしい人と) 2, 3回喧嘩してるなあ。「誰に言うてんねん」言われて，「うっとうしいな。言われんでもわかっとんじゃ，ボケーッ」言うて。

芳倉　(笑)

高中　まあ，完全に新入社員が使う言葉ではないよなと思って。

芳倉　せやな (そうだね)。そこはちょっと，グッと噛みしめなあかんとこもあるよな。でもおかしいことは，おかしいって言うのも，大事なことだと先生は思うし，そこは自分の考え，シンくんの考えっていうのは，先生は間違ってないと思う。表現の仕方とか，やろうし，相手への伝え方とかはあるやろうけど。

高中　自分がやっていることは間違っていないと思うから，余計になんか，この人はやばいなと思って。

芳倉　うん，そうそう。でもいろんな人いるからな。

高中　で，うまくやっていかんとあかんと思う。

芳倉　うん。自分にとってどうすることが得なんかなっていうのも，やっぱり考えてってほしいことかなって。これからな，仕事するに当たってね。でも絶対さ，今のさ，その声かけてくれる上司みたいに，わかってくれる人は必ずいるからなあ。ていうのは，先生が仕事をずっとしてきて思うことかな。崩さんでよかったっていうところはある。だから回り道するかもしれへんし，そんときは損するかもしれへんけど，なんか，そこ，折れんでよかったなあっていうところは……。

高中　ある。

芳倉　あるよな。うん。そこは絶対，大事にもっていてほしいな，というのは

あるし，そこでがんばってるシンくんのことを，絶対，誰かが評価してくれるとかはあるなって，人としてね。その，働いてる人とか，そういう人としては絶対に。だってみんながさ，その人のことに関してはさ，「あいつ，変やで」って言ってるんやもんな。
高中　絶対に現場は味方や。
芳倉　そうやね，うんうん。だからそこの……。
高中　間違いなく。
芳倉　やっぱりそれは強いよな，わかってくれてるっていうのはな。

「絶対，ああいう自分には戻りたくない」

芳倉　……昨日のその文章（注：高中さんが書いた事前の文章。章の冒頭を参照）の中でもね，自分の気持ちを汲んでくれるっていうのが，やっぱり一番よかったなあって書いてくれてたけど。先生は汲めてたかどうかわからんねけど（わからないんだけど）。
高中　全然汲んでくれてましたよ。
芳倉　で，その，卒業するときにさ，中学校，行くときに，シンくんのお母さんに，支援級（特別支援学級）のことを先生，勧めたやん。その，先生，相談するんならばって。そのことに関してな，先生は，シンくんに絶対，今日，聞きたかったんやけど，「なんで俺，そんなとこ入らなあかんねん」と思わへんかったのかなって。
高中　ないって言ったら嘘になると思うけど。
芳倉　そやろ。
高中　たぶん，多少の意図はあったと思います。
芳倉　多少はあったよな。だって，周りのな，支援級のイメージっていうかさ。そのときには，もう特別支援教育が始まってて，いろんな子にそうやって声かけてくれたりっていう，そういう中で育っていったほうが絶対いいって先生は思って，シンくんとかお母さんに勧めたけど，結局同じように勧めてもうまくいかないときもあるし，シンくんはそのことに関してさ，「考えます」って言

って，何日か考えてくれて，で，「それやったら」って言って，そのとき言うた言葉覚えてる？　中学校の支援級に行くにあたって，僕こうやから，じゃあ，その支援っていうか，受けてみますって言ったん，覚えてる？

高中　全然覚えてない。

芳倉　全然覚えてない。いや，そのときの言葉が，すごい（すごく）先生は「ああ，この子，大丈夫やな」って思った。いろんなことがあるにせよ，この子は絶対，将来大丈夫やわって思った言葉があって，すごい，今も忘れられへん言葉やねんけどな。覚えてない？

高中　全然，わからへん。

芳倉　だから，この人とかモノとかにな，当たったり，一回ほら，小学校のガラス割ったりしたことあるやろ。覚えてる？

高中　全然覚えてない。

芳倉　ドア蹴ったこと。ガラスのドア蹴った。ヒビかな。

高中　そんなんあった？

母親　体育館の。

芳倉　（笑）そうそう，体育館の。

母親　体育館ね，全部ガラスの……。

芳倉　体育館のドアのガラスを割ったことが……。

高中　そんなんあったっけ。そうなんや。

芳倉　（笑）それは怒り過ぎたんやと思うよ，たぶん。ぶち切れたときやと思うねんけど。

高中　ガラスなんか割ったことないと思ってたわ俺。

芳倉　（笑）そうなんや。新たな，思い出して。でな，そのときにガラスとか，そういうのがあったから，そういう自分には絶対に戻りたく……。だからモノ，人に当たらないようにって，このときに言った言葉とおんなじやねんけど，「絶対，ああいう自分には戻りたくない」って，中学校へ行くにあたってな，シンくんが言ってん（言ったの）。

高中　ほう。そうなんや。

芳倉　うん。でも，そのときに，カッてなるかもしれへんし，怒ったり，腹立つことを……。中学校は大きな中学校やから，いろんな子いるから，どんな子いるかわからへんから，そのときに，そうなった自分をちゃんと止めてくれる人がいてて（いて）くれたら，みたいなことを言ったんやと思う。

高中　はあ。

芳倉　覚えてないやろ？

高中　全然。

芳倉　（笑）覚えてない。だから，それを先生聞いたときに，6年生の卒業するちょっと前，まだ冬休みにもなってなかったと思うけど，その時期に「すごい自分のことをしっかりと考えてるな，この子」っていうのは，思ったことがあるね。お母さんは横にいてた（いた）から，覚えてはるかな。

母親　言われたら，みたいな。

高中　それ，俺が言ったんかな。

芳倉　そう。

母親　でもうん，そんな，それっぽいことを……。

高中　俺の口で言った？

芳倉　みたいなことを言って，そういうことを言って，「止めてほしい」って。

高中　そうなんや。

芳倉　うん。考えてるやろ，小学校のときに。

高中　考えてるなあ。……カンペあったんかな。

支援級（特別支援学級）に入ったことについて

芳倉　カンペあったってか。いや，カンペなかったで。で，結局その支援級にいったん入って，ずっと支援を受けるわけではなくて，そういうときにだけ話を聞いてくれたりっていうふうに，先生はつなぐことにしたんやけど，そのことに関してな，今大きくなって何か考えるとことかある？　中学校のときのことから。

高中　それでよかったんじゃないかなって……。

芳倉　……って思ってる。ふうん。中学校のときに，支援級入っているとかな，いうことでな，たとえば，こんな言い方したらアレなんかもしれへんけど，支援級入らなくて支援を受けることができてたらな，同じような支援を受けることができてたら，シンくんが支援級に入級とかっていうふうに，手続きを取らなくてもな，よかったのかもしれへんけど，あのときの現状って，シンくん，まだ特別支援始まってちょっとしたころで，ベースみたいなことがちゃんと整ってなかったから，そういうふうに先生も勧めたんやけど，本当にそれがよかったんかどうかというのも，先生自身も思ってたし，それでシンくんが中学校のときに何か不利益とかな，そういうのはなかった？

高中　全然なかったと思う。

芳倉　全然なかった。ふんふん。中学校のときにそうやって話を聞いてもらったことも，何回かあったのかな？　その支援級の先生といろいろ話をして……。

高中　あったと思う。

芳倉　あったと思う。あった。ふーん。じゃ，中学校のときも，まあ，そういう先生が横にいてて（いて）くれたというか，そういう安心感はあった？

高中　ありました。

芳倉　ありました。ああ，なるほど。いててもらってよかったと思う？

高中　はい。

芳倉　思う。そうかそうか。そうしたら，そういうつなぎ方っていうのは，シンくんにとってはよかったわけやな？

高中　はい。

芳倉　うんうん。それは高校へ行ったり，仕事をするときにも何も不利益はなかった？

高中　なかったと思う。

芳倉　なかった。高校受験のときもなかった？

高中　なかった。

芳倉　全然ない。はあ，そうかそうか。3年間ね，一応在籍してたもんな，支援級にな。

第6章 「あそこで変われてなかったら，今ごろどうなってたかな」

高中　うん。
芳倉　まあまあ形……そんなにあんまりずっと行ってないけど，そういう支援を受けるという形になってたからな。そうかそうか。なるほどね。それ聞いてちょっと安心かな。
高中　（笑）
芳倉　（笑）

ちゃんとした大人になれている

芳倉　いや，これ……シンくんみたいな子ってたくさんいてるのよ。
高中　はあ。
芳倉　いてんねん（いるのよ），小学校の中にもいてて，あとあとずっと，まあ今も小学校の中でいろいろ悩んだりしてる子がいてて，だから，ほんとに自分がどうなっていくのかなとか，どんなふうになれるのかなとかいうのは，わからへんやんか（わからないじゃない）。そのときのシンくんも，たぶんわからへんかったと思うねんけど，でも今大人になって，先生から見たらやで，シンくんここにな，今ちゃんとした大人になれてますかと言ったら，めっちゃちゃんとした大人になれてると思うやんか。仕事もしてて，お給料もらって……え，初任給もらったんもう？
高中　もらいました。
芳倉　もらいました。お母さんにプレゼントした？
高中　まだ。
芳倉　まだ。（笑）そうか。仕事してて，高校もちゃんと行ったんやろ。
高中　行きましたね。はい。
芳倉　ちゃんと行った？　休まず。
高中　たぶん，無欠席ちゃう（じゃないかな）。
芳倉　あ，そう。
母親　1年だけなんかね，熱出たかなんか。
高中　いや，休んでないで俺。

芳倉　熱出たけど行ったの。
高中　行った，もう。行って，たぶんずっと寝てたと思う。
母親　遅刻が1個だけある。
高中　そう。遅刻1回だけある，それだけやと思う。

（中略）

「よく考えている子だな」
——高中さんの場合は，こう，本当に人に支えられて，今来たけど，支えられへん（支えられていない）子も，先生，いてはる，やっぱり（やっぱりいますか）？　途中で心折れちゃう子とかも，先生が教えてた中で。どうやろ（どうですか）。何が違うんやろう（何か違いはありますか）。
芳倉　なんやろうね。シンくん，元来明るい子やからね。ねえ。パワーある。パワーのある子やな，というのはあって，〇〇（通級指導教室）にいるときも割とムードメーカーみたいなところがあるので，遊びの中でもね。そのへんは，人とうまいこといかないと言っているけど，それは……。
——ちょっとしたこと？
芳倉　そうそう。ちょっとしたことっていうか，いろいろあるねんけど，あんまりめげない。そのときはでも，学校行きたくないっていうから，よっぽどめげてたんやなあ。
母親　1日だけやったんですけどね（笑）。
芳倉　1日だけ？（笑）
高中　（笑）寝たら忘れるから。
芳倉　寝たら忘れる，うん，そうそう，そういうのはあるかなって思うのね。
母親　そのときも，弟のほうがその意地悪した子に言いに行ったのね。
芳倉　言いに行ったの，弟が？
高中　そう。それは知らんけど。
——どんな意地悪された？　叩かれたりとか？
高中　それはなかったんちゃう（じゃないかな）。

芳倉　なんか言われるん？
高中　いやもう，覚えてないな。
母親　私は覚えてますけど。
芳倉　お母さんは覚えてる？
母親　全然気づいてなかったんですよ。でもよく下敷きを割るなあと思ってて。そしたらその休んだ日に，先生から電話かかってきて，それで「行きたくないって言ってるんです」って言ったら，そしたら「ああ」って言って，先生は知ってはったみたいで。私は全然気づいてなくって，そこではじめてわかって。で，「何々のことですか」って先生が言わはって，名前を出してね，相手の。「ああ，そうやったんですか」って。
芳倉　ああ，なるほど。
母親　で，この子と話したら，なんかいろいろそういうことがある。
芳倉　ポロポロ出てきて？
母親　ポロッと。
芳倉　ふーん。
高中　今では仲良しやけどな。
──そう。
芳倉　ねえ。
母親　たぶんストレス……相手の子もなんかストレスがたまっているようなことがある，っていうのは私もわかってたんで，それがこっちにきたのかなと。
芳倉　ああ，それでうまくいかへんかったんかなと。なるほどね。そういうのがこう，通級につながるきっかけにもなったっていうこと。
母親　で，やっぱりちょっと人間関係しんどいとこがあるかなと。
芳倉　うんうん。……「その当時に自分がどんな子どもだったか，正直に聞きたい」みたいなことが（高中さんの事前の文章に）書いてある。
高中　正直にもう，どんなやったかな。
芳倉　でもだいぶね，アレやね，こう……。

（中略）

芳倉　元来，かわいらしい子やったよね。

高中　（笑）

芳倉　○○（通級指導教室）に来てくれる子は，元来かわいらしい子ばっかりなんやけど，純粋な子っていうか。やねんけど，その中でやっぱりいっぱい，なんか悩んでるなとか，うまくいかない自分になんかちょっといらついてんなとか，そういうのは感じてたけど，それが小学校1年とか2年のときのシンくん，何もあんまり考えずにいろんなことをワーッてやってるシンくんよりは，ちょっと成長したシンくんやったかなって，悩んでいたり，うまくいかないことに関して。でもそのことはよくわかってる子やな，というのは思ってた。うん。落ち着いて話をしたら。いつもはさ，へへヘッて，「うん，そうやねん，そうやねん」とかって言って…（聞きとれず）…してるけど（笑），「ほんま考えてるのか，こいつ」みたいな，思うときもあったけど，でもちゃんと話をゆっくりすると，「ああ，よう考えてる子やな」という印象はあったよ，先生は。しっかりしてんなあって。うん。そういうときから思っても，今はすごい「いい青年」になったよね。

「俺らしいな」

芳倉　……で，今はな，会社の中で人とのかかわりとかっていうのは。…（中略）…人とのかかわりみたいなものは「うまくいかないな」とか，そんなのは感じたことある？

高中　みんなよくしてくれる。

芳倉　ああ，みんなよくしてくれる。それはよかったね。

高中　現場の人しか，あまりかかわりはないけど。

芳倉　今の仕事をしている中の人？

高中　そう。まあでも，みんないい人かな。

芳倉　みんないい人。ああ。

　　　　　　　　　　　　（中略）

芳倉　今日な，こうやってな，いろいろな，話を聞かせてもらって，あらため

てシンくんがなんかちょっと思ったこととかある？　忘れていることも、「ええ、そうなんや」みたいなとこもあったやんか。
高中　あった。いっぱいあった。
芳倉　あったけど、こうやって聞いて。ちょっと先生、言わんかったらよかったかなと思ったりもしてるんやけど。どう？　話を聞いて。
高中　いや、面白かったな。
芳倉　面白かった？　どんなとこ面白かった？
高中　学校へ行きたくないって言って、めっちゃ神妙な雰囲気になったのに1日だけってなって。あ、そうなんやと。
芳倉　なるほど、なるほど。1日だけとか。
高中　俺らしいなと思って。
芳倉　俺らしいなって。
高中　寝たら忘れる、さすがやなーと思った。

　　　　　　　　　　　（中略）

今だったら絶対にしない
芳倉　今日さ、話してさ、新たにこう、感じたことってある？
高中　たとえば？
芳倉　過去のことを話をして、新たに感じたなとか、こういうとこ見つかったなとか。
高中　ガラス割ってたことがびっくりしたかな。え、そうなんと思って。
芳倉　忘れててんな。
高中　俺、荒れてんなと思って。
芳倉　ああ、荒れてたなって。
高中　今やったら絶対にしない。
芳倉　そうやな、今やったらせえへん。そういうことを聞いて、どうやった？　ちょっとショック？
高中　弁償代がもったいないなと思って。

芳倉　お母さん弁償してくれたん。
母親　いや，あのときね。教頭先生が「いいですよ」って言ってくれた。
高中・芳倉　（笑）
芳倉　もう出世払いしときやって言おうかな。そうなんや。
母親　なんかこの子だけ……もうちょっと……なんか何人かと……。
芳倉　ゴチャゴチャしてて……。
母親　ゴチャゴチャしててぶつかった……。
芳倉　ぶつかって割れたんや。うん，なるほどね。そうか。そういう過去もあったんやって思って。
高中　へえーと思った。
芳倉　へえーと思ったら，今，大人，すごい，あれやな，成長してるやんって思った，あらためて。
高中　今やったら絶対しやん（しない）なと。
芳倉　今やったらしてないなって。
高中　壁は……まあ，壁蹴るのもあかんけど。
芳倉　壁蹴るのな。
高中　絶対よくはないけど。
芳倉　でも，だからちょっと，いい上司の人が止めてくれたんやろ。気持ちを聞いてくれたんやろ，きっと気になったから。

第7章 「めっちゃ言ってくる先生」との出会い
――不登校・自傷行為から脱するまで

森下文先生・河合美穂さん

　ここでお話ししてくださった森下先生と河合さんはスクールカウンセラーと生徒という関係で出会いました。当時の河合さんは不登校や自傷行為などで苦しんでいましたが，森下先生との出会いや対話の中で，その苦しさと向き合い，現在は，自分と同じように苦しむ子どもたちの力になりたいとカウンセラーを目指しています。森下先生と河合さんとの関係はすでに10年を超えました。その間，何かないかと気にかかる，何かあれば会いに来るという相互に思いを交わすカウンセラーと生徒が，かつての時代を振り返って語り合います。

河合さん

　私は，人に話をすることが嫌いでした。

　小学3年生から不登校になっていた私は，森下先生にお世話になるまでの間にも何人かのカウンセラーの先生にお世話になっていました。ただ，その先生方は基本的に私の話を聞いても，「うん」とか「そう」と返してくださるだけで，言ってしまえば"ただ私だけがしゃべり続けている"状態になることばかりでした。
　1行目に戻りましょう。そう，私は1行目にあるように"人に何かを話すのが嫌い"だったのです。得手不得手の問題ではなく，ただただ嫌だったのです。ですが，その先生方の面接自体を悪く言うつもりは毛頭ありません。実際に多くのカウンセラーさんがそのような面接方法をとっている以上，それがカウンセリングにおけるある種の"正攻法"なのでしょうから。

　しかし，森下先生だけは違いました。

　当時，高校に入ったものの，なかなか周りになじめず学校を休みがちになっていた私に，担任の先生が森下先生を紹介して下さったのが，私と森下先生との出会いでした。その時私は「またカウンセラーを紹介して，私にいろいろ話をさせるのか。」と思いました。正直苦痛だなあと思った私は，面接を早めに切り上げようと，はじめは先生とのやりとりも，はっきり言って適当に行っていました。
　しかし，先生は私の話をただ聞くだけでなく，「その言葉はこういう気持ちの表れではないか」や「こういうときはこうしてみたらどうか」など，さまざまなヒントや助言をくださったり，先生のほうから私が話しやすいようなきっかけをくださったりしました。そのおかげもあり，気付けば私は学校でのことはもちろん，なぜそこに目をつけて，そのようなことを先生がお聞きになったのかは今も不思議に思うところがありますが（これが今，先生に最もお聞きしたいことです。），自身の幼少期や，亡くなった父のことも先生に話していました。特に父のことは今まで誰にも話したことがありませんでした。話すことをためらっていたのです。父との思い出を語ることで何か進展があると思わなかったというのも事実ですが，なにより，父の事を話したところで短い返答しか返ってこなかったら，

あまりにも辛すぎるからです。しかし，森下先生に父のことを訊かれたとき，自身でも気付かぬうちに心のどこかで「この先生になら話せる。話せばなにかが変わるかもしれない。」と思ったのかもしれません。実際問題それで今，私は不登校を脱し，人生が今までと180度変わっているわけですから，本当にお話しして良かったと思います。

　当時から，私はなにか心にひっかかる"しこり"のようなものを感じていました。それが何なのかまったく分からなかったのですが，先生に父のことを話した時，最後に先生が「大丈夫。きっとお父さんが見ていてくれているから。」とおっしゃってくださって，はじめて父のことで涙を流した時，心の中のしこりがとれていくような気がしました。自分の中にひっかかっていたものの正体が父のことだったなんて，まして父とのことが自分の中でこんなに大きな部分を担っていたなんて，先生と話さなければ多分一生分からなかったことです。私はその時から「父のためにも頑張ろう」と，今までよりも前向きに生きるようになりました。本当に先生のおかげです。この出来事を皮切りに，私は徐々に回復し，今では当時「絶対に無理だ」と思っていた大学進学も果たし，人生を謳歌しています。

　今まで多くのカウンセラーの先生が私の"話"を親身に聞くだけだったという中で，森下先生は，私の心の中の"小さな声"にまで耳を傾けてくださいました。カウンセリングの本質はただ話を"聞く"ことではなく，見えない心の声を"聴く"ことだと，この原稿を書きながら改めて感じました。私は現在大学でカウンセラーになるために勉強しています。このころの気持ちを忘れずに，将来は森下先生のような，人の心の声も聴けるようなカウンセラーになりたいと思っています。

　私は，人に話をすることが苦手です。

第Ⅱ部　元生徒と教師・スクールカウンセラーの対話

森下先生

　河合美穂さん（仮名）とはじめてであった日，彼女は饒舌に小学校低学年から高１の現在に至るまでの不登校の経緯を話し，「私，明るい不登校なんです」と付け加えた。17歳の彼女は本来なら高２に在籍のはずですが，入学した高校で出席日数不足で原級留置となり，別の高校を再受験して，再度高１に在籍していました。しかし，彼女は新しい高校でも５月の連休明けから欠席が続いていました。心配した担任が彼女をスクール・カウンセラーである私の所につれてきたのでした。彼女は「昼夜逆転してしまって学校にいけないんです。これさえ治ったら大丈夫なんですけど」と，笑顔で冗談っぽく話した。それが作り笑いであることは明白で，ふとした瞬間にみせる17歳とは思えない寂しい表情が印象的でした。
　このような出会いを機に，私と彼女はほぼ週１のペースで面接を行いました。彼女は絵を描くのが好きだということを知り，２回目の面接ではバウムテストを実施しました。彼女の描いたのは，枝の切り口から樹液が流れ落ちる小さな木でした。その樹液について質問すると「大きな枝が切り落とされ，そこから流れる樹液」と説明してくれた。「なんか樹液が涙に見えるんやけど」と，私が正直に感想を言ったことを機に，彼女はお父さんが３歳の時に亡くなったことや，彼女が幼いことも手伝ってお父さんとの思い出がほとんどないことを語りだしました。そして，彼女は「お父さんが撮ってくれた写真は沢山あるねん。それが衣装ケースの中にどっさり入ったままになっている」と付け加えたことから，私は「その写真見てみたい」という遣り取りをしました。
　次の面接で，彼女はお父さんが撮ったという写真を紙袋にいれてどっさり持ってきました。衣装ケースにしまってある写真の一部ということでした。二人でこれらの写真を年代順に整理し始めました。一番古いのは，生後間もない彼女がお母さんに抱っこされている写真でした。床の間に命名書が貼ってある彼女のお七夜の写真や，お婆ちゃんに抱っこされてぐっすり眠っている彼女と若々しいご両親が写ったお宮参りの写真もありました。立派な雛壇を背景に澄まし顔で写る幼い彼女。公園で砂遊びをしている姿や口をあけて昼寝をしている彼女。雪だるまを作っているところなど，彼女の幼い日の一コマーコマをお父さんは写真に残していました。どの写真にもお父さんの娘への温かい眼差しと愛情があふれていました。お父さんとの思い出は何もないといっていた彼女でしたが，写真整理をす

るうちに，遠い記憶の中にお父さんとの触れ合いを確かに思い出していったようです。次第に，1〜2歳の頃の写真を手かがりにお父さんとの思い出を話し出すようになっていました。写真整理は約2ヶ月続きました。それが一段落した時，彼女は一人でお父さんのお墓を訪れたようです。彼女はお父さんの墓前で初めて涙を流したと語ってくれました。

　この後約6ヶ月間，私と彼女の面接は続きました。彼女は「誰にもいったことはないけど……」と前置きして，不登校中の辛さ，学校に対する複雑な思い，家族への思いを私に語りだしていました。私はその語りの重さと暗さ（それは不登校の辛さとも重なるのですが）に圧倒され，それを受け止めることで精一杯でした。なぜ彼女が私に向けてかくも深い内面を吐露したのか，確かめる余裕すらありませんでした。その後，彼女は再び転学を決意し，ついには不登校から脱していきました。

　彼女との出会いから数年たった今でも彼女に尋ねてみたいと思っているのは，なぜ私に向けて「誰にも語ったことがないこと……」を語りだしたのかということです。長期間に渡って不登校であり，自称"カウンセラー慣れ"した彼女にとって，私もごく普通のカウンセラーだったはずです。他のカウンセラーとの違いは，大量の写真整理を一緒にしたことくらいでしょう。あの作業によって彼女はお父さんの愛情を実感したのでしょう。しかしあの写真整理をする中で，幼い娘を残して亡くなったお父さまの思いを強く感じました。面接を重ねる中で，私と彼女の関わりが深まるにつれて，彼女とお父さんもつながっていったのではないでしょうか。彼女は，お父さんが亡くなってから「誰にも語ったことのない思い」を，私に語りながら，お父さまに向けて語っていたのではないでしょうか。彼女が辛い胸のうちを吐き出し，一人で背負っていた重荷をおろし，新たな一歩を踏み出すことを切望していたのは，お母さんばかりでなく亡くなったお父さんも同じでしょう。あの面接の場に，お父さまがおられ，彼女の語りを聞いていたように感じています。

他のカウンセラーとは全然ちがう先生

森下　河合さん，久しぶりです。

河合　久しぶりです。

森下　こういうご縁をいただいて，河合さんとまたお話できてすごい嬉しいです。

河合　いえ，こちらこそ，もう本当に。

森下　うん。河合さん，すごい元気になったというか，もう見違えるぐらい。私，昔，昔というかさ，前知ってるからなんやけども。いろいろ話してくれたやん，私に対してお父さんのこととか。それが，なんで私にああいうふうにいろんなこと話してくれたのかなというのが，ずっと，ちょっと先生の中では引っ掛かってるんや。

河合　ああ。でも純粋に，他のカウンセラーさんとかやと，お仕事やと割り切ったはって（割り切っておられて），けっこう言われたら話すんですけど，なにもリアクションとかが返ってこないんですね。

森下　どういうこと，リアクションが返ってこないって，私はもともと……。

河合　なんかもうすごい淡白。今まで出会ったカウンセラーの先生，みんなけっこう，自分からなんも言わなくって，たまにこうこうで「話してくれる？」って言わはって，私が話しても，「ふーん」みたいな感じなんですよ。やし（だから），話してても，なんにもつまらないというか，反応がなにも返ってこないと，なんか変なこと話したかなとか，めちゃくちゃ不安になるから，そもそもあんまり——カウンセラーの先生を信用していないわけじゃないけど——話さなかったんですね。

森下　うん。

河合　でも森下先生って，森下先生から聞かれたことに対して私が話したりすると，「ああ，そうなんや」とかけっこう返してくれたりするし，話の内容をわかってくださってるって私が思ったので，はっきり，父のことで今自分がどうこうなってるって根拠はないけど，一回，藁にもすがる思いじゃないけど，ちょっとお話ししてみようかなと思った次第です。

森下　割と会った初めぐらいのときに，その話してたよね。
河合　はい，していました。最初で印象が全然違って，他のカウンセラーさんと。
森下　どうだった……（笑）。
河合　けっこうみんな淡白やったんですよ，今までの……。
森下　淡白……。（私は）濃いわな。
河合　そうです。すごく濃くて。で，カウンセラーさんてあまり自分から必要以上にしゃべらない感じのイメージだったので，「なんかめっちゃ言ってくるやん，この先生」と思って。
森下　めっちゃ言ったなあ。

（中略）

河合　どうせまたおっとなしそうな，なんもしゃべらんようなん来るわと思ってたら，なんか……。扉開けて森下先生が入って来はった（来られた）ときに，直感的に見た目でもう，雰囲気でわかるんです。あ，これちょっと，おとなしい人じゃないみたいな（笑）。
森下　（笑）まあなあ，おとなし（おとなしく）ないわな。
河合　実際話してみたら，今までのカウンセラーの先生と比べたら，ズカズカくる感じの先生で，最初は「えらいこっちゃ。どないしよう」と思ったんですけど，話を聞いてるうちに，ズカズカくるだけじゃない，ちゃんと初めて会った人に対する引き際を考えてくれてて。たぶん，だから私と話したときに，先生がどう思われたか知らないですけど，私が嫌がるか嫌がらないかのラインをうまいこと，ここまで話したら嫌がるなぐらいの絶妙な，踏み込んでほしくないラインの一歩手前ぐらいうまいこと攻めてくださって，すごい話しやすかったんですよ。だから話しやすいっていうのもけっこう大きかって，割と最初の段階でパーッと父のことも話してましたね。

「ほっておけへん」

森下　私は初め，おたくの担任から，学校に来れへんねんということだけは聞

いてたんや。で，前の学校を一回ダブってて，（担任の）先生はぜひあなたを何とか学級に戻したいとすっごく思ってたので，熱いのよ，彼女も私以上に熱いからね，「何とかしてくれ」っていうので，私のところに来たんやわ，先生が相談にな。ほんで（それで）「ほな（それなら），会いましょか」言うて会ったときに，私，見たときにもう「ほっておけへん」と思ったんよ，あなたのことを。

河合　ああ。

森下　だって，顔は笑ってるけど目は全然笑ってへんし，すごいつくって笑顔をしてて，平静を装ってるけどカチンカチンに緊張してたのもわかるし。ほんで，もうすでにここに傷が，ほっぺたのところにあったし，たぶん担任は気づいてへんけど，リスカ（リストカット）やってんねやろなあって思ってたから。それ見て，どうなるかは全然自分ではわからんかったけど，もう「ほっとけへんな」って思った。それがやっぱり一番大きいと思う。

河合　ああ。

森下　ほんで半ば強制的に，毎週来いとか言ってたやん，私。

河合　ああ，言ってましたね。私がもう言う前に……。

森下　「あんた，毎週来いや」とか。

河合　「空いてるしここ」みたいな。

森下　で，来うへんと思ってたとこもあんのよ。来るんかいなほんまにって。表面的にすごい表情つくってんのわかったから，担任の先生もいはる（おられる）し，そこでその場しのぎの「いい返事」だけしてんのかな，って思ったのよ。

河合　ほんとどうしようかな，と思ったんですよ。断ることもできず，もう矢継ぎ早っていうか「この日空いてるしな。この日のこの時間な，毎週おいでや」と言われて，「うわ，どないしよう」と思って。でも一応というか，した約束は守るっていうか，そういうタイプというか，してしまったものはもうしょうがないみたいな感じ……。本当にどうしようと思ったんですよ。担任の先生も「行くん?!　来週に決まった?!」みたいな「いよいよ決まった」みたいな「こっから（ここから）うまいこと」みたいな感じやった。ほんとに「どうしよ

第7章 「めっちゃ言ってくる先生」との出会い

う」と思って，親にもあのあと，親がいっしょに来てて，学校にその日。親に帰りに，言われたんですよ。「どうする？　もし，ほんまにあんたが無理やって（無理で），けっこう我の強そうな先生やから，無理やったら私から言うたげんで（言ってあげるよ）」って親が言ったんですけど，「いや，もういいわ」と。そうですね。最初のころはちょっと，いい先生やというのはわかるんですけど，二の足踏んでた感じ。

森下　二の足踏むわな。
河合　ちょっと混乱。
森下　でも来たやん，次の週。
河合　そうです。
森下　「あ，来たわ」と思った。
河合　そうなんですよ。だから行くまでがね。学校の普通の授業とかでもそうなんですけど，行ったらわりと，まあ，ちょっとしんどいけど，行ったらわりとね，なんてことないんです。行くまでが……。
森下　しんどいやろな。
河合　しんどいんですよ。
森下　でもね，そこからさ，ほぼほぼ来てるやん。
河合　そうですね。
森下　ほぼほぼというか，もう休んだことなんて，あんまないんちゃう（あまりないでしょう）。
河合　ないと思う。
森下　なんか……ないよな。夏休みとか冬休みとか，そういうときは来なかったけど，それ以外はずっと来てたよね。
河合　行ってましたね。

お父さんが残した大量の写真

森下　うん。ほんでな，私は，たぶんね，お父さんの話になったきっかけっていうのは，あなたにバウムテストして，絵の切り株のところから樹液が流れて

て，それに対して「あんた，なんかあったんか」って聞いたことだと思うねん。
河合　うん，はい。
森下　誰か大きな人の喪失体験とか，そんなんあるんちがうかって聞いたら，お父さんのことを言い出さはって，ほとんど覚えてないって言ってたやん。
河合　はい。
森下　ほんで，ほんなら写真でも整理しようか言うて，どっさり持って来たやん。
河合　そう。
森下　あれはさ，どうだったん，今にして思えば。なんかさ，大量に持って来たよ，あんた。
河合　持って来ましたね，大量に。あれでも抽出して持って来たんですよ。最初「なんかあったんちゃうか（じゃないか），小さいころに」みたいな言われて，さっき言ったみたいに，根拠はないけどみたいな父の話を始めて。で，覚えてないけど，写真を整理しようって話になって，そのとき「ここまで親身に聞いてくれるんや」と思ってて。今までお父さんの話をしたこともあったんですけど，それこそさっき言ったみたいに「ふーん」みたいな。
森下　「ふーん」なん。「ああ，死んだん」っていうぐらいか。「そうだったんや」って。
河合　「ああ，そうなんだ」みたいな感じで，なんかもう「考えてくれてるん？」とか，正直思ってて，そのとき。今，学校で心理の勉強とかしてたら，カウンセラーさん，どっちかっていうとあんまり干渉しすぎるのよくないか，そういうお仕事なんやとわかるけど，当時「しんどい中で悲しいこと思い出してしゃべってんのに，そんなもんなん（ものなの）」って思ったんですよ，カウンセラーの先生に対して。でも森下先生は親身にわりと聞いてくれて，「ああ，そうなんや」と。辛かったとか悲しかったとか，大変やったねって覚えてて，覚えてないのに，けっこう言ってくれて，で「このあと覚えていない」って言ったら，「写真整理したら，なんかわかるかもしれへんし」って言ってくださって。もうその時点でけっこう森下先生のことを信用してたので，あ，せやったら（それだったら）やってみようと思って，けっこうな量の（写真を）……。

第7章 「めっちゃ言ってくる先生」との出会い

（中略）

森下　でもまんべんなく持って来たやん。
河合　そうなんです。
森下　生まれたてから……。

（中略）

河合　いや，びっくりしました，ほんとに。「え，これ全部私の写真？」って言ったら，「そう」って。ほんで，これが幼稚園とかの先生とかが撮った遠足とかの写真じゃなくて，「純粋に全部，こん中（この中）にあるやつは全部，お父さんが撮ったあんたの写真や。他のもん一切入れてへん，これ全部そうや」って言われて。どん……。
森下　「どんだけ」って感じやなあ。

いろんなことを思い出した

河合　「どんだけシャッター切ってるん」とか思って。だから「選ぶんだったら好きにしたらいいけど，片付けてね」と母に言われて，けっこう見ていたんですけど，気づいたらもう夜になってる。見きれないんですよ。何枚か同じようなショットの写真とかもあるんですよ。連写で撮ったようなね，「動画ちゃうねん（じゃないよ）」みたいな写真とかもあったんですけど。森下先生に見せに行く以前に，それを見てるとなんか来るものがあって，森下先生が言わはった通り，これ整理したらもっといろいろわかるかもしれんって。やっぱり来るものもあったし，けっこう思い出したりもしたので，いろんなことを。
森下　忘れてたって言いながらも，見たらな。
河合　見たら，「ああ，そうそう」とか思って，思い出すこともあったので，これは持って行く価値があると思って，けっこうな量を持って行ったんですよ。
森下　だから河合さんが「来るものがある」って言ってたけどな，私，他人やんか（だよね），他人の私が見てもけっこうあの写真は全部，来るものがあって，1枚1枚に……だってカメラってこうレンズを通してあなたを見るじゃない，そこに，もう死んでしまってるけど，お父さんの目線というか，あなたをなん

ほほど（どれほど），お父さんが愛してたかっていうのが，もうありありと出てて。だって舐めるように撮ってるやん。
河合　そうなんですよもう。

(中略)

登校とリストカット

森下　で，あなたも夏休みの面談のときに，担任の先生に「2学期から復活します」とか言ってたやん。
河合　言ってました。行かなまずいと思ってて，ほんとに。
森下　ほんで宣言しはったやろ，お母さんに，そういうふうに，三者面談のときに。で，お母さんはすごくそれを，すがりたいというか。それは親にしたら，そらそやわな（それはそうだよね）。
河合　そう，もっともな。
森下　だけど私はその話を聞きながら，ちょっと面談の帰りに寄ったやん私の部屋に，そのときに「おいおいおいおい」と思ってたんや。だってうち（の学校），夏休み終わんの早いやん。
河合　ああ，確かに。
森下　8月20日過ぎにはもう終わって，あっと言う間に新学期始まるし，大丈夫かなって思ってて。そのあと，8月後半になってきて，どんどんまた追い詰められてきて，始業式の日，けっこうセンセーショナルな格好で来たやん。
河合　そうですね。
森下　あのとき，おたくの担任，血相を変えて私に，「河合さんがえらいことになってる」って。その話していい？
河合　ああ，大丈夫です。
森下　リストカットしてけっこう血だらけで，始業式に入って来て。
河合　そう，もう……。
森下　ほんで周りがびっくりしちゃって。
河合　そうそう。

森下　で，もちろん，担任びっくり。
河合　本当に，こっちからわかるぐらい，「えらいもんが来た」ぐらいの，「どないになってるんや」と。
森下　それで私がひょこひょこ来たら，おたくの担任が血相変えて「先生，なんとかしてください」言うて，で，連れて来たやん。覚えてる？
河合　ああ，覚えてます，覚えてます。
森下　そんときも，私ね，いいタイミングに来たなと思うねん。いっつももっと遅いんやで，来る時間。
河合　ああ，そうなんですか。
森下　うん。あんな始業式の時間になんか私行かないし。朝，いないやろ。
河合　そうですね。
森下　どうせ，みんな来んの遅いから。
河合　来ないから。
森下　（私，いつも）のそーっと10時半ごろ行くのに，なぜかあの日は早く行かなあかんような気がして，行ったタイミングで，テンコ（担任の先生）が連れて来たんよ。
河合　ああ，そうなんや。
森下　ほなら（それで），私，すごく覚えてるのは，あなたは「自分を奮い立たせるためにやった」って言ってたやん。
河合　ああ，はい。
森下　ああ，そうなんや。それぐらいこの子しんどいんやって思ったんよ。だからなんか，いいタイミング，いいタイミングで会えるように……。あんとき（あのとき），私いなかったらどうしてた？

おばあちゃん
河合　そのまんま，たぶん普通に「帰ります」って言って帰って，たぶんもう行ってへんかったんちゃうかな（行ってなかったんじゃないかな）。どのみちたぶん家に帰ったら親に言われて，それがばれてたぶんストップがかかると思う。

森下　行くなてか（行くなって）？

河合　行くなというか，もう……。どっちかというと，うち，祖母が……。母はもう好きにしたらええやんみたいな，あんたのもう好きに，行くも行かんも好きにしいって……半ば私のこの感情も諦めてたというかもう，妹も不登校やったり，忙しかってどうしようもなくて，仕事もしてたんで。だから最初，私がおかしいのに気づいてくれたのも，おばあちゃんだったんですよ。私が，今までなかったんですけど，泣いて学校から帰って来たもんやから，おばあちゃんが「あんたどうした？　何があったんや」って。

森下　それ４月ごろか？

河合　そうです。４月か５月ごろに……。

森下　クラスの子とごたごたごたごたあったときか。

河合　で，泣くこと今までなかったんですけど，あまりに辛くて泣いて帰ったら，祖母が「あんた，どうしたんや」ってなって，最初，やから（だから）おばあちゃんが気づいてくれて。たぶんそのときも，帰ってからおばあちゃんが「あんたどうしたん？　そんな血まるけ（血だらけ）になって」「あんた，びっくりした，洗濯物に血が付いてたさかいに（付いてたから），洗うとき気いついたんや，昼ごろに」って言われたから，たぶんどの道，ばれてじゃないけど。おばあちゃんがどっちかって言うと孫が可愛くてしゃあない（しょうがない）んで，「あんたもう，こんななってんのに，行かすんか」みたいな，母親にすごい，４月のときとかも言ってたんで，だからどの道，もう行かんほうがいいみたいな流れになんとなくなって，たぶんそれからも「行きます，２学期から」って言ってたものの，たぶん行けんくなってたんちゃうかなと思いますね。

留年と休学

森下　うんうん。で，なんか８月，９月ぐらいがけっこう大変だったやん。８月，９月，10月の初めぐらいに，欠席日数が多過ぎて，もう９月の何日でもう留年決定になるっていうころが……。

河合　そう，成績付けられませんて言われて。ブルーになって。

第7章 「めっちゃ言ってくる先生」との出会い

森下　そう，すごいブルーだったし，あのときお母さんが担任に呼ばれたりとか，あなたも呼ばれたりとか，ほんで（それで）なんだ，ガサガサガサガサしてたやん。

河合　うん，してた。

森下　ほんで私，担任の先生から「もう9月何日で留年決定です」って言われて，でも籍を置いてたら授業料発生するし，「休学したら？」と。で，休学して私んとこにだけ来たらと言ったやんか。

河合　ああ，うん。

森下　それは，どう思った？

河合　最初，ほんとにあのとき……。前の学校でもそうやったので，なんとなく面談のときに「成績付けられません」て言われた時点で，「あ，あかんな，これは」と。要は留年するなって，なんとなくわかってて，どうしようかな，どうしようかなとは思ってたんですけど，明確な……。また学校をやめるわけにもいかんし，なんかちょっと意固地になってしまったていうか。ここでやめたら中卒なわけじゃないですか。それまずいと思ってて，危機を感じてて，かといって，やめてまた別の高校にしたら，別のお金が発生しちゃうし，どうしたらいいんやろうっていって親とも相談して，どうしたらいいかな，行ったほうがいいかな，どうしよう，行くべきやな，ていう話をしたら，母が「それで私が行けって言って，あんたが行くんやったらいいけど，絶対に行かへんやん，無理やんもう」と。「それやったら私，最初のころ行けってあんたに言ってたし，早い段階で行けてると思うけど，それができてへんてことは，そういうことやから，もう好きにし」って言われちゃって。

（私は）割と最近の子どもに見られがちな指示待ち症候群みたいな，指示を待つタイプの，どっちかというと，子どもやったんで，もう人の意見聞いちゃって，なんかあったら親とかに「どうしたらいい？　行ったほうがいい？」と聞いてて，今までやったら「そら行ってくれたほうが嬉しいけど」みたいな，親も言ってたんですけど，完全に親からも「好きにしろ」って言われて，どうしよう，どうしようって言っているうちに，あれよあれよと時間が過ぎて，さっ

き先生が言わはったように，もう留年が……。親が呼ばれて「ちょっとおたくの娘さんが留年……いくらこれから全部出ていただいたとしても，出席日数足らないので，留年が決定しましたよ」って言われて。「えらいこっちゃ」と思って，どうしよう，どうしようって言うて。たとえばこれから行っても，本当に私が行けたとしても単位取れないわけやし，どうしようどうしようって言ってるときに先生が，休学っていう制度があるけどどうや（どうだ）って言われて，ものすごい迷ったんですよ，休学っていうものに。休んだら休んだ分だけ行けなくなると，なんとなく自分でわかってたので，そんなことして大丈夫かって思ってたときに，親も，このまま行ける目処が立ってへんように見えるから，無理してやっぱり……。親もなんとなくわかってくれてて，行かなあかん状況，在籍してる以上行かなあかんというか，授業出るのが当たり前みたいな感じやし，それがあんたのプレッシャーになってるように見えると。やし（だから），ここで一回小休止打ったらどうやって言われて，それで，ああそうかもしれんなあと思ったんですよ。たしかに，親に指示されたからっていうわけじゃなくて，親の言う通りやなと思ったんですよ。在籍している以上，普通に行かなあかんのが，要は当たり前というか，そんなイメージやって，そこがプレッシャーになってたっていうのもあるんで，ああそうやな，その通りやと思って休学を決意して……。

門衛のおじさん

森下　うん。で，そこ，決意したやん。そこまでがね，もう忘れているかもしれんけど，じつはめちゃくちゃあんた，リスカ，激しくなってたやん。

河合　ああ，なってましたね。

森下　もう門衛のおっちゃんから電話かかってきて……たんやで。

河合　え，うっそ……。

森下　ほんま。「えらいことん（えらいことに）なってまっせー」。

河合　守衛さんが電話？

森下　そうやで，心配して。

河合　え，あっ，ええ。
森下　知らんやろ。
河合　知らないです。守衛のおじさん……。
森下　それは気づくよ。こっから血い流してな，学校来てたら，気づくで。で，門衛のおっちゃんが私のとこに電話かけてきて，「あの子，血だらけで来てる」って言ってて。ほんで来てスタンバイして，すぐに「行こか」言うて保健室行って，保健室の先生とかなりこのへんだの，なんかグルグル巻きにしてたやん。
河合　ほんとに。
森下　で，あのころは写真の整理してないんやで。進路のことでもうウェーンなってて，うん。
河合　かなり追い込まれていました。
森下　だからちょっとなんとかいい方法ないかな思って。で，このまま在籍してたって，授業出られへんやん。ほんで授業料かかるやん。半端な値段ちゃうやんか（じゃないでしょう），授業料。
河合　かかる。そう，私立やし。
森下　私，主婦の感覚として，その値段を払うのはしんどい。で，休学したら払わんでいい，施設充実費1万円ぐらい払ったらいいだけやし。ほんで校長に掛け合って，休学するけど，うちのとこだけ来てええかと。ほなら，オッケーって言わはった（おっしゃった）し，ほな（それじゃあ）もっと来いやって，言うてたやん。
河合　ああ，そうです。
森下　うん。だからあのときは，私の中ではめっちゃピンチやなと思ってたんよ。
河合　ああ，はい。
森下　たぶん進路，留年……。だから前の学校とうちの学校とで2回目やんか。これは相当あなたにとってピンチやし，だから気持ちを振り絞るというか，心の辛さもあって，ガーッて。「どこで切ってんの」って言ったら，あんた「電車の中」って言ってたやん。

河合　ああ，はい。

森下　家やったら心配するから，電車の中で切って来るんですって，言ってて。みんな知らんぷりしてるけど，実は門衛のおっちゃんとかは，すごい心配してたんや。

河合　そう，やから（だから）か。卒業……やめてから行ったりすると，けっこう声をかけてくれる。

森下　声かけてくれるやろ。

河合　私のこと覚えてはるんですよ。「あ，また来たんか。大丈夫か」って。

森下　あのごっついおっちゃんやろ。

河合　そうです，そうです。あ，それでなんか。

森下　もうめっちゃ心配してる。

河合　めっちゃ知ってはるやんと，思ってた。

森下　だから，あなたが私の部屋に来る前に，もう内線で電話かかってきてて。

河合　あ，そう……。

森下　「先生，心配やから」って。

河合　へえ，それ全然知らなかったです。門衛のおじさんが，いっつもおんなじ人やから，こっちが顔を覚えることはありえるんですけど，ぎょうさん（たくさん）生徒いるじゃないですか，幼稚園とか中学とかいっしょになってるから，向こうが私の顔を覚えてることはないなと思ってたんですよ。ところが，やめてから何回か学校に行くうちに，けっこう……。

森下　声かけてくれるやろ。

河合　声かけてくださるんで，来過ぎて覚えられたと思ってたら，けっこう前から覚えてもらってた。

森下　前から覚えてたよ。

河合　ああ，そうなんや。

森下　前から覚えてて，すごい気にかけてはってん（いたの）。ほんで（それで）私が夜な，帰るときもいるじゃない，門衛のおじちゃんが。ほな（そうしたら）門衛のおっちゃんは「大丈夫やったか」って，「学校には来てへんようやけども，

先生のとこにだけでも，来てるだけでも顔見れるし，安心やな」って。今でも覚えてはるよ。

河合　ああ，そう。けっこう通ったら言われる。「どうしてんねや（どうしてるんだ）」って。

森下　どうしてんねやって，聞かはるでしょ。

河合　聞かはる。みんなに聞いてはるとか思ってて。

森下　みんなになんて聞いてないよ。

（中略）

河合　みんなに声かけてはるんか，来過ぎて覚えられたと思ってて。

お父さんのお墓に行く

森下　で，その9月末ぐらいから，ちょっと落ち着いてきたやんか。休学決まって，で，私のところにまた定期的においでって言われてからすごい落ち着いて，少しずつ少しずつ減ってきたやんな，リスカもな。

河合　はい。

森下　で，そっから（そこから）またさ，写真整理，再開したやんか。ほんで，私，すごいねえ，印象に残ってんのが，お父さんのお墓に行ったって言ってたやん，一人で。

河合　はい。行った行った。

森下　あれはなんでそんな気持ちになったん？

河合　なんかこう，やっぱり写真整理して思い出すうちに，ふと，別に理由はないけど，ふと行ってみたいと思って。やからとくに理由はない。なんか，あ，行ってみたい，思ったんですよ。

森下　うん。

河合　で，行って……。訳もなく行って，訳もなくいろんな感情がこみ上げてきて。で，まさか，当時考えてもなかったです，お墓に行くというのは。

森下　私もびっくりした，「えっ」。言ってたやん私に，「先生，お墓に行って来たんです」とかって。

河合　ただの，怖い奴（笑）。でも最初，考えてなくって，なんかふと「ああ，行きたい」と思って，行ってきたんですよ。たら（そうしたら）なんか，訳もなくいろんな感情がこみ上げてきて，何も持って行ってないんですけどね，花とか。訳もなく感動して。なんかでも，行ってすっきりしました。出し切った感があった。

森下　うん。ほんでな，気づいたらリストカットやってないやろ。

河合　やってない。

森下　不思議やろ。

河合　自分でもわからないんですけど，気づいたら……。だから周りから言われるまで気づかなかった。それから先生とかに，「あんた，最近，せんねえ」って言われて，ああ，そう言えば……っていう感じやったんですよ。気づいたらしてなかった。

森下　ねえ，本当にしてないやろ。ほんで，おたくの担任はずっと気にかけてて，あのキャラやから，言ったらプレッシャーになるっちゅうところも思ってんねん。言ったらプレッシャーになるやろうな，と言いつつも，やっぱり職員室に行くと「先生，どうやった？」とか「やっぱりまだ切ってる？」とか，つねに心配してた。で，「いや，だんだんだんだん，なんか，やってないみたいな感じ」とか。で，おたくの担任がすごく心配したのは，進路のこともやねん。

河合　あああ，はい。

「普通」の進路にこだわる

森下　うん。ほんで，いろいろこだわってるところもあったやんか，進路に関しては。

河合　ありました。

森下　だから最後の最後に私が，「ここにしろ！」とか言ったやん。

河合　ああ，言ってました，言ってました。

森下　あれは押しつけがましかったんだけれども，でも，もうしんどい思いさせたくなかってん，あなたにな。だから，普通高校にこだわってすごいしんど

い思いしてる子いっぱい知ってるから，それやったら単位制でいいやん。大学行ったらいいだけのことやし，私，あなたがすごく優秀だっていうのはよう知ってるから，実力さえ発揮したらちゃんと大学に行ける学力あるって思ってるし，ほんで，行ったよね。（でも）はじめ抵抗してたやん。

河合　そうですね。もう，それこそほんとに意固地になってて，勝手なイメージで，周りに何人か通信制に行ってる子がいて，けっこう周りの大人とかが通信ってなんかもう……。今の大人の世代だと，ちょっと悪いけど通信高校って箸にも棒にもかからへんかったような子が行くところやみたいな，大人のイメージが定着しちゃって，そういう偏見みたいな，晒されるのがめちゃくちゃ嫌で，とにかく今は全然そんなことないんですけど，当時，頭悪いって思われるのがすごい嫌だったんです。箸にも棒にもかからへんような子やて思われるのが，すっごい嫌で。実際，そうじゃないんですよ。私の周りで通信に行ってる子も全然そんなことないんです。ただちょっとなんかトラブルがあって，やむを得ない事情みたいなんで行ってる。けっしてその子自身が頭悪いとか，やんちゃしてたとか，そういうことじゃないんですけど，周りの大人の目がそうなんで。

森下　うん。今でもやで，けっこう。

河合　そう思われるのが……。今はね，まだ広がってきてるけど，ほんとに……。まあ，でも今も多いですよね。

森下　今も多い。

河合　なお多いですよね。それがすっごい嫌だったんですね。やし（だから），できたら普通の全日制の高校に行きたいって思ってて。

森下　でもそれやったら，もっかい，高1からしなあかんやん。

河合　そうなんですよ。それでどうしようかなと思ってて……。だから前の学校でもそうだったんですよ。いくつか通信のパンフレットを，先生がわざわざ取り寄せてくださって，「こういうところがあるし，今，通信制って，大人の人が言わはるような悪いところじゃないし，1回見学だけでも」って言われたんですけど，めちゃくちゃに断ってたんですね。で，絶対行くと思ってて，普通

第Ⅱ部　元生徒と教師・スクールカウンセラーの対話

のところに。やけど（だけど），今言ったところで，2回失敗してるから全然説得力ないんですよ。たとえばそのときに私が，絶対次ん（次の）ところ成功します，行きます言ったところで，たぶん誰もね，信じないし，親も「いや無理やろ」みたいな感じで。親はどっちかというと，「全日制は無理やし，そんなにこだわることないんちゃうか（じゃないか）」って。どんだけ通信に行って，たとえば変な，好奇の，偏見の目に晒されても大学行ったらええし，通信のアレで足りひんかったら，塾代ぐらいは出したるさかいに，大学行ったらええやん。大学行ったら，最終学歴とか，履歴書に書くのは大学だけでいいから，気にせんでええんちゃうかと言われたんですけど，そればっかりは嫌！　断固として，がんとして普通の全日制に行きたい。

　「普通」っていうのに，すごいこだわってて，普通じゃないって思われるのも嫌やし，頭悪い，箸にも棒にもひっかからん子やと思われるのも嫌やし。周りの子が，みんな，中学いっしょやった友達がみんなええ高校に行ってて，それもコンプレックスで，けっこう比べられてたので，親から。どこどこの子はここを受験するらしいで，とか。めっちゃ模試よかったらしいとか。親がね……。なんにも親，悪気ないんですよ，やから余計にややこしいんですけど。

森下　天然で（悪気なく）言ってんねやろ。

河合　そうなんです。だからもうね，アレなんですけど。本当に天然で，なんの悪気もなく言うけど，こっちからしたら，（私は）「なんなん，あかんの（なんなの，だめなの）」みたいな。「あかんの」じゃないけど，「あかんねや（だめなんだ）」と思って。本音言うと，親も普通に全日制へ行って，普通に大学へ行って……ってしてほしかったと思うんですよ。今となってはアレですけど，当時親も子どもが急にこんなん（こんなふうに）なって，通信制高校とかに理解もないし，ようわからんし。まあ，今こんな高校ある……てか（というか），親も必死になってくれて，こんなになってんねや（なってるんだ）通信制って，行ったらって，やたらと通信を勧めてくる，親から。たぶん，この子は全日制無理やと思って，そう思われるのもなんか嫌で。なんかすごい被害妄想してたんですよ。こいつは社会不適合者やと思われてるのか，みたいな，ものすごく意固

地になってたんですけど，もう……。

「めっちゃ言ってくる」先生

森下 で，なんで最後にあれ決めたの，結局。

河合 最後は……。やから，ここ，あるとか言われて，「めっちゃ言ってくるやん」と思って。

森下 うん。めっちゃ言ったもん，私。めっちゃ言ったもん。

河合 そのときばかりは先生に対して……。

森下 もう，普通のカウンセラーちゃう（じゃない）し。

河合 先生に対しても，そのときばかりは「うっとい（うっとうしい），めっちゃ言ってくるやん」と思って，「どうしたらええねん」と思って，で，「もう，ええわ。行くわ」って。見学だけ，なんかちょっとパンフレット見るだけとかもやるわ，みたいな。何回か学校にも見学に行って，行ったらもう……。ほんとに私の通信のイメージ，それが親と，旧式のイメージ，いっしょのイメージやって，めっちゃ不良とかいたらどうしようとか思って。めっちゃ不良いるやろ絶対と思って，やばいやばいと思って，そんなとこでそれこそやってけへん。2日でやめるわと思って。見学に行って，平日，なんもないときに行ってきたんです。そしたらめっちゃ地味な子いると思って，ああ，そうじゃないんやなと。

森下 うん。だって，私だいぶ送っているもん，あそこに生徒を。

河合 そう。学校のパンフレットって，そもそも信用しなかったです。いいことしか絶対書いてないと思って，ネットとかもそうだけど。絶対そんなきれいちゃうやろと思ってて。めっちゃ校舎きれいで，けっこう地味な子もいて，で，説明とか聞いたら，進学コースみたいなんがあって，普通のコースと別途に大学受験できるコースがあります，みたいなことを言われて。ああ，そんなんあんねやと，ちょっと気持ち揺らいだんですよ。大学行けんねなー（行けるんだなー），と思って。

森下 行ける，行ける。

河合　どこでも行けるって。ああ，そうなん，ちょっと新鮮やって，当時。そうなんやと思って。なんかみんな，けっこう就職すると思ってたから，「就職じゃないんですか」って言ったら，「けっこう就職する子も多いけど，進学する子もいます」っていうことで，ああ，そうなんやと思って。で，どうしようかなと思って，いくつか学校を見に行って，気持ち揺らいでるときに，……おばあちゃんが，亡くなって。おばあちゃんがずっと私に「学校に行けたらいいな。学校に行けたらいいな」とか言って，言うてたんで，それでね，プッツリ切れたんです。おばあちゃんが亡くなって，何かが私の背中を押したというか，プッツリ……ガラッと気持ちが変わって。

祖母の死と気持ちの変化

森下　うん。おばあちゃん亡くなる，というか，おばあちゃん倒れたあたりから，もう一つ進んだよね，あなたの元気度がね。

河合　進みましたね，うん。

森下　救急車呼んだのもあんたやし，病院の看病したのもほとんどあなただったやんか。あのへんからなんか，主体性をもって動き出したというか，主婦になったというか。けっこう家のこともやってたやん。

河合　そうです。やっていましたね。

森下　大変だったからな，あのときな。

河合　そう。なんかそこからけっこう客観的にというか，なんか物事一つに固執しないで考えられるようになって，本当に最後まで祖母が，（私の）学校に行く姿が見たい，「なんでもいいから，元気に生活する美穂ちゃんが見たいわ」って言ってたんで，それでパッと……それこそなんの気なしにというか，気づいたらもう，「あ，学校に行こう」って。今までやったら，行かなあかん，って感じやったんですけど，学校に行こう，学校に行きたいって思ったんです。意固地になった気持ちとか全部バッてかなぐり捨てて，取りあえず学校に行きたいと，思って。通信制とかなんとか言ってられない。取りあえず学校に行きたいと。「学校に行く」って言うて，親もびっくりしました。私が急に，なんかが

あったわけじゃなく……。やっぱ，祖母が死んでどれぐらいやったか，四十九日，なんかいろいろゴタゴタが終わったのかな。

森下　12月に亡くなったやん。

河合　そう，末ぐらいに亡くなって，いろいろゴタゴタが終わって，忙しい時期が終わった後に，パッと私が急に「学校に行きたいねんけど」って。今の学校をやめて，先生が言ってた，見に行った高校の中の一つのとこに，この学校に行きたいって言ったら，親はもう目，点になって。急に何の脈絡もなく，学校に行きたいて娘が言い出したみたいな，話になって。

森下　うんうん。

河合　やから急に，今までもパッと言うてたところあるんで，ほんまかいなと，親，最初はもう。「ほんなんで（そんなこと言って），途中で行かへんて，やめてや」みたいな。今度ばかりはもう金出せへんと言うて。ほんまに行く気あるんやな，ってめっちゃ念押されて。学校に退学届出してから，もっかいこの高校って行けへんねんでっていう。そんなん知ってるわって。で，いろいろ手続きもしなあかんし，途中で（変更が）利かへんからなって。受験の試験じゃないけど，面接が随時やったはる（やっている）んですけど，けっこうもう年明けて，新年度まで時間がそんなにない，やし（だから），勢いだけで言うてへんな，って言われて。自分としては確かにパッと言うたけど，勢いだけで言ってない，勝手に。ふっと気持ち的に，絶対やろうってなんか……絶対やろうっていうか，今までとはちょっと違う感覚だったんで，親も私がそこまで言うから，「しゃあない」って言うて。一応，退学届出して，次の高校に行くって言うて面接して。ほんとにだから，親は気が気じゃなかったと思う。

森下　あれはたぶんさ，退学じゃなくて，編入になってると思う。

河合　ああ，そうそう。

森下　だから高2に入れたやん。

河合　入れた入れた。そうなんですよ。ああ，そうだ。編入やったら面接だけで大丈夫って言われたんです。で，面接受けに行って，親は気が気じゃなくて，試験会場，学校までついて来て，親が，「あんた，ほんまに大丈夫やろな」って。

で，先生から「まあ面接，あんたやったら問題ないわ」って言われたから，親も百発百中受かるわ思ってて，「あんた，受かったらもうやめられへんからな。ほんまにええんか」って，大丈夫か大丈夫かって言うてて，「大丈夫や」って言って。ほんとにね，軌道に乗るまで，気が気じゃなかったと思いますね。もうでも，6月過ぎたころぐらいから親も「ああもう何とか，この子はうまいこといったな」みたいな感じやった。それまではもう，「大丈夫か，あんた」みたいな。

先生のところに来て補充する
森下　5月連休明けぐらいに，高校に編入して，来たやん，私んところに。そのときもすごい穏やかな顔してたし。
河合　ああ，そうですね。
森下　うん。今までと全然違う感じで，高校生活，これはやっていける絶対って，私は思った。ほんで（それで），もう高校時代はとくに大波もなかったんやろ，あんまり。
河合　なかった，全然なかった。元来，けっこう毎年ね，冬場になるとダメになっちゃう。やから唯一高校のときと変わってないのが，最初からマックスのエンジンで行ってしまうところがあって。
森下　うんうん。パワー全開で行くねんね（行くんだね）。
河合　そうなんです。ずっとそこはいまだに変わってなくって，けっこうだからね，エンストを起こしちゃうんです。カウントが振り切ってしまって，カンストを起こしてしまうっていうのはあったんです。それでも，たとえば単位取れるか取れないかぐらい休むとかはなかったですね。ちょっとなんか気持ちが嫌というよりか，疲れて……。だから年度末になると毎年なんか，ハアーッと。
森下　息切れしてくる感じ？
河合　なんかちょっとエンジン切れてくる。
森下　そのころ来るやん，私んところに。
河合　そうなんです。で，またなんかうまいこと補充して，休んでも1回ぐら

第7章 「めっちゃ言ってくる先生」との出会い

いやったんちゃう（だったんじゃない）かな。そんなめっちゃ，もうおたくの娘さんは出席のカウントが危ないです，って言われるぐらい休んだことはないですね。

カウンセラーになりたい

——（山本）今はもう心理学（を勉強している）？

河合　やっています，心理学を。

——カウンセラーになろうと思って？

河合　もう，そうですね。困ってる人を助けたいなと思って，心理に。

——「森下先生みたいな」って（事前に書いた文章に）書いてある（章の冒頭を参照）。

森下　いやあ，私みたいに押しの強いのは。

——「心の声が聴ける」先生。

森下　いやいや。私はカウンセラーというよりも，たぶん教員の色が強いんだと思います，教員，長かったので。だからカウンセラー的にはちょっと「ブーッ」のところ（ダメな部分）がいっぱいあるんやけど。

——でも助かったんやね，その「ブーッ」の部分がきっと。

河合　そうなんです。

森下　「ブーッ」なので。

河合　他のカウンセラーさんと同じような感じやったらたぶん，うまいこと……。

——変わってなかった？

河合　変わってなかったと思いますね。

　　　　　　　　　　　　　　　　（中略）

出会い

——森下先生との出会いというのは大きかったですか。

河合　大きかったですね。今でも思うのが，けっこう不登校とかは，うちの妹

もそう（不登校だった）なんですけど，時間が解決してくれると，私も当時思ってたんですけど，それは違うなって思いますね。森下先生と出会って，それを切に感じましたね。時間がなんとかしてくれるんじゃなくって，出会う人との中で，きっかけがないと，どれだけ時間かけても，あかんねやろ（だめなんだろう）なあって思いますね。うちの親とかでも，時間がなんとかするって言ってたし，私も当時思ってたんですけど。やから（だから）今テレビとかで，NHKとかでこないだも見たんですけど，40とかにもなって引きこもりになってる人はたぶんそれやと思います。時間が解決してくれないんですよね，たぶん。なんかきっかけが……。私とか，先生と出会ったし，祖母が亡くなったりしてたし，うまいこときっかけがええ方向に向いたっていうのが大きい。

——大きかった。で，森下先生も，この子は他の子とちごうて（ちがって）ほっとかれへんて思うた（思った），先生の経験とか思いとかっていうのはなんやったんやろう（だろう）。

森下 じつはね，今だから言うけど，お母さんがな，会ったやんか，一番最初のときに。

河合 ああ，はい。

森下 初め会ったときに別々の部屋で，初めお母さんから——私，全然事情を知らない，担任から聞いてるだけなので——話聞こうと思ったら，お母さんはな，開口一番にな，「いい心療内科紹介してください」だったんよ。

河合 ああ，安易に想像……。

森下 そうなのよ，わかる？

河合 わかります。

森下 「ほんまに先生，病院紹介してください」と。ほんで，寝られへんから，寝て，睡眠リズムがめちゃめちゃ狂ってるから，あれ直さなあかんと。で，「とにかく病院紹介してくれ」と。言葉悪いけど「病気や」という言い方されたんです。で，そのとき，彼女のことあまりわからないし，「病気？」って思って。でも私の中には，病気という発想はまったくなかったんよ。それ言ってたやろ，初めから。私，あんたのこと病気やと思ってないと。ただ，睡眠リズムがすっ

ごく乱れてるのは事実やんか。寝られへん，寝られへんって言ったし，それに関してはいい先生を知ってるから紹介するわ言うて，言ったけども，私の中にはまったくあなたを病気やとは思ってないの。

河合　ああ。

森下　で，だいたいさ，お母さんに病気って思われたらちょっと辛いやんかって思って，それもあったんです。それと，やっぱり私，あんたの目やわ。

——笑ってない目？

森下　笑ってない目。顔が笑って，目がまったく笑ってなくって，それがすごい引っ掛かって，で，なんか「ほっとけへーん！」ってなったん。

河合　ああ。

森下　うん。なんかね，たとえて言ったら，どっかから連れて来られた小犬が，部屋の隅っこで脅えてウウッとなってる感じを受けたの，あのVIPの部屋（面接室）で。

——でもそういう先生の思いっていうのは，やっぱりこの状況を動かしたんやろう（でしょうね）。ここはもう，編集の私の意見。

森下　たぶんそうなんだと思う。

第Ⅱ部　元生徒と教師・スクールカウンセラーの対話

河合さん

「久しぶり。元気にしてた？」

会う度に，森下先生が必ずかけてくださる言葉です。そして対談の時にも例外なく，先生はまず私にこの言葉をかけてくださいました。

私は対談でもお話したとおり，カウンセラーという職業に疑問と不満を感じていました。カウンセラーというのは，言うまでもなく職業です。つまり，カウンセラーからすれば，カウンセリングは業務，お仕事なわけです。ですから，ある程度の規則やマニュアルのようなものがあるのは事実です。大学で心理学を学んだ今ならわかります。

ただ，当時の私はそのようなことなどつゆ知らず，また，自分以外のことを考える余裕もなく，そのある意味で枠にはまった一般的なカウンセリングをされるカウンセラーさんのことを冷たいと感じていました。そのようなカウンセラーさんからも毎週必ずかけてもらえる言葉はありました。

「1週間ぶりですね。」

これです。別に今思えば何のことはない普通の挨拶のように思えます。しかし，当時の私はこれを冷たい言葉に感じていました。これでは答えも「はいそうですね」としか返しようがありません。しかも，私を担当してくださっていたカウンセラーさんのほとんどは，この言葉以外，ほぼ全く口にされません。これではカウンセラーさんが私に一体何を聞きたいのかもわかりませんし，どうしてもカウンセリングの内容が淡白なものになってしまっていました。しかも，こちらから自分のことについてお尋ねしても，明確な答えは何もいただけませんでした。実は，これが私が当時，最も辛かったことです。

「こっちはこの状況を打破したくて来ているのに……。」

「本当に私の話を聞いてくれているのか」と，カウンセリングをしてスッキリするどころか，逆にフラストレーションが溜まっていってしまったのです。

さて，上記が一般的なカウンセラーさんのふるまい方，カウンセリングのあり方だとしたら，（誤解を受けることを承知で申し上げますと）森下先生はカウンセラーとしては完全に異端です。カウンセリングの行い方についても，邪道もいいところだと思います。ただ，私はその森下先生のある種の強引さが効いたのです。先生は驚くほどに私の話に耳を傾けてくださりました。今まで自分の話を聞

いてくれているのかどうかよくわからないカウンセラーさんとしか接したことのない私は，正直混乱しました。ですがそれも初めのうちだけで，私は徐々にそれに慣れていきました。当時家族ともうまくいっておらず，誰にも気持ちをわかってもらえないと思っていた私に，ここまで親身になってくれる人がいると思えて，私は自分の人生に希望を見出すことが出来ました。今カウンセラーさんに必要なのは，この良い意味での強引さではないかと思います。私は今大学に進学して，心理学を学び，カウンセラーさんにも様々な事情があって，ああいう淡白な態度をとるしかなかったのだと気付きました。しかし，せめて「大丈夫？」「心配しています」の一言だけでいい。その気持ちを言葉にしてくれるだけで，患者さんは大分救われると思います。そういったカウンセラーさんが増えていくことが私の願いであり，また私もそのような少し強引なところのあるカウンセラーになることが目標であるということを，この対談で再確認することができました。このような貴重な機会を作って頂きましたことに心からの感謝を申し上げますとともに，あの頃の私と同じように苦しんでいる方が，心から信頼できると思えるカウンセラーさんや，先生に出会えることを祈って。

第Ⅱ部　元生徒と教師・スクールカウンセラーの対話

森下先生

　美穂さん（仮名）は，私との関わりを振り返って「普通のカウンセラーとは違っていた。」と前置きし，「他のカウンセラーも傾聴はしてくれるんです。でも自分の意見とか言わないし，ただ聞いて終わるって感じ。仕事って割り切って，私の話をきいているのかなって。先生は，勿論，話も聞いてくれたけど，自分の意見も言うし，お母さんとかにも結構，いろいろ言ってくれた。びっくりしたのは最後の面接が終わった時，何かあったらここに連絡しなさいって電話番号を教えてくれたこと。本当？っと思った。」と語りました。

　私は彼女にとって異色の存在だったようです。私は元々教師をしており，その現場での必要に迫られてカウンセラーの勉強を始めた経緯があり，ついつい子ども達に対して指導モードになってしまいがちです。これは私が克服すべき課題の一つでもあります。しかし，このような私の教師的な関わりが美穂さんには意外であり，効果的だったようです。

　初回面接時，彼女は明るく饒舌に自分の不登校について語っていました。私は，その話しぶりとは裏腹な彼女の目の暗さ，ふとした瞬間に見せる寂しげな表情が気になりました。彼女はとても無理をして明るく振舞っているようでした。それは初対面の私に対する彼女なりの精一杯の演出だったのかもしれません。彼女はこれまで何人ものカウンセラーと関わってきており，カウンセラー慣れをしているとも語っていました。私は，何故，多くの専門家が彼女と関わってきたにも関わらず，不登校がこれほどまでに長期化したのかということが疑問でもありました。彼女のなかに，何となく「またカウンセラーか……」といった醒めた感じがあるように感じました。それは「どうせこの人もこれまでと一緒。また同じことの繰り返し」といった，彼女の中の諦めといったようなものかも知れません。私なりにそのような感じ方をしたこともあり，私はカウンセラーというより，教育相談の教師として関わったほうが良いように思いました。

　今回の対談で，彼女はスクール・カウンセリングやカウンセラーに対する率直な意見を語ってくれました。彼女が関わってきたカウンセラーの方々は，カウンセリング理論に忠実であり，傾聴に徹し，あくまでも枠を守った面接を継続していたようです。「それがカウンセリングのルールってわかるけど，でもそのルールは，結局，カウンセラー自身を守るためのものですよね。それって，何か違う

第7章 「めっちゃ言ってくる先生」との出会い

っていつも思っていました。」と彼女は語っています。これが彼女のカウンセリングやカウンセラーに対する本音なのでしょう。

　私が彼女に対して教師的に関わったことで，彼女に対してもお母さんに対してもかなり率直に意見を言うことができました。このような私の接しかたが，彼女には意外だったようです。特に，原級留置が決定した時とその後の進路決定の時には，通常のカウンセラーでは絶対にしないだろう関わりをしたように思います。

　これらの時期，彼女の複雑な心情とお母さんの娘を何とかしたいという思いが絡まりあい，彼女は全く身動きがとれない状態にありました。当時，原級留置という精神的なプレッシャーから，彼女の自傷行為は激化する一方でした。文字通り血だらけで登校する彼女に対して，私が出来ることは養護教諭と一緒に傷の手当をしながら，彼女の辛い気持ちを聞くことだけでした。彼女は再び留年することになった自分自身への怒りと悔しさ，母親への申し訳なさを語りつつ，母親がつい漏らすため息や愚痴への反発をぶちまけていました。彼女はとても苦しかったのです。そして，そんな娘を見守るお母さんの苦悩も理解できました。私はお母さんと何度か会い，お母さんの娘への思い，つい口にしてしまう愚痴を受けとめつつ，彼女への関わり方について考える時間を持ちました。その結果，お母さんの彼女への接し方が変わっていきました。すると，彼女の自傷行為は次第におさまっていきました。進路選択も大きな問題でした。彼女は「今度こそは頑張る！」と，再度，全日制高校への受験を強く主張していました。彼女の学力があれば，おそらく志望校に合格するでしょう。しかし合格することと，実際に3度目の高校1年生として学校生活を送ることは別の話です。やっと自傷がおさまった彼女にとって，この選択は負担が大きすぎます。彼女は将来への不安と恐れを抱いていました。その不安と恐れが彼女の目を曇らせ，進路選択を誤らせてしまうと感じました。そのような彼女をただ見守ることは私にはできません。もし，単に見守ることがカウンセラーの守るべき枠だとしたら，それは非常に無責任なことではないでしょうか。お母さんや担任の先生のお力を借りながら，私は彼女と進路選択の問題点，予想される負担の大きさについて何度も話合い，最後は必死になって彼女を説得していました。まるで私が彼女の手を強く引いて上りかけの道を連れ戻し，本来進むべき道の入り口で彼女の背中を押したようなものです。このような関わりはカウンセラーとしては邪道であり，彼女が「普通と違う」と

179

感じた点でしょう。私は彼女が適切な進路選択をすることで、実力を発揮し、きちんと学校生活を送ることのできる生徒だと信じていました。またそのような学生生活へ導くことが私の使命だとも感じていました。

　最後の面接の日、私は「何か困ったことがあったら……」と連絡先を教えました。カウンセラーとしてはルール違反といえるでしょう。しかし卒業する教え子を案じ、連絡先を教えることは教師として実に自然な振る舞いです。彼女が、これから歩んで行く道は決して平坦な道ではありません。そこで新たな支援者に出会うことが一番望ましいことです。しかし、それが実現しなかった場合を考え、私という存在を残しておきたかったのです。「何で私なんかのためにそこまで？」と彼女は思ったようです。しかし「私なんか」と口癖のように語る彼女に、自分の大切さを納得してもらうには、私が彼女を大切に思っていることを実際の行動で示すこと、それが私の彼女との関わりの基本だったのです。

第8章 「これはちょっと逃げられないな」
——元担任と元生徒の20年近くのつながり

川畑惠子先生・さやかさん

　川畑先生とさやかさんは，かつての中学校教師と教え子という関係でした。川畑先生はさやかさんがいつも暗い目をして「死にたい」と言うのが気にかかっていました。なんとかできないだろうかと思いながらも，さやかさんの苦しみが本当はどこにあるのかわからないまま，「気にかかる生徒」「どうにかしてあげたい生徒」という思いをもちながら20年近くさやかさんとのかかわりを続けてきました。ここでは，当時のさやかさんの思いを聴きながら，川畑先生自身の教師としての思いが語られました。

さやかさん

> ① 当時の関係の中でとくに印象に残っている出来事
>
> ○第一印象としては，苦手意識があった。一年生の時は担任の先生が男性だったこと，川畑先生の年齢が自分の親と近くなおかつ女性（母親のような存在感）であること，また川畑先生の息子さんが私と同い年と伺っていたことなどがその理由だ。（自分が，親や周りの大人に反発心を抱いていたから）
>
> ○一年生の時，女子グループで仲良くしてくれる子はいたのだが，自分の性格の嫌なところをたくさん出し過ぎて嫌われてしまい，二年生のクラス替えで女子四人グループの一人になった。私以外の三人は，一年生の時のグループにいた友達とクラスが離れてしまったことから，私と一緒にいてくれるようになった気がする。
> 　私以外の三人は控えめで大人しく，他のグループと積極的に関わっていくようなことはなかったように思う。
> 　私が人間関係をうまく築けないことを先生に見抜かれているようで，なかなか素直にはなれなかった。
>
> ○川畑先生のおっしゃる，私が自殺をしたいと打ち明けたことについては，正直よく覚えていない。ただ，当時も今も自己肯定感？が全くなく自分の存在や価値に疑問を抱くことが多いうえに，一年生の時の（に？）人間関係を壊してしまったことなどが理由でそんなことを思ったのだろう。
>
> ② その出来事をどう感じていたか
>
> ○川畑先生は，私の一連の言動や行動にどう答えようか悩みながら，真剣に私の気持ちに寄り添おうとしてくださっていたと思う。でも，自分はひねくれた考え方しか出来ず，先生が返してくださった言葉も"リップサービス（失礼な表現ですみません）"というか慰めというか，"大人の対応"として接してくださっているのだと考え，素直には受け止められなかったように思う。

わりと幼い時から，自分は社会の中では異質な存在で，どこにも居場所がないと感じていた。両親は世間でいうところの"変人"であると感じていたし，両親や祖父母，親戚関係は皆仲が悪く悪口を言い合う日々。私自身も友達関係などで難しさを感じることが多かったし，何より，自分は何をするにもグズく人並みには出来なかったからだ。

　また，父は表面的なところ（例えば，私の進路など）では私のことを心配し気にかけてくれていたのだが，私の内面的なところ（何を思い感じているか）にはまるで興味を示さなかったし，母も家におらず自分の習い事（中国語・イタリア語・陶芸教室・乗馬・太極拳など）やそれにまつわる出来事にしか興味がなかった（と私は感じていた）。

　だから，自分の目的やプライドは中学受験をすることで果たされたのだし，自分が頑張っても人並みにはなれないという自信のなさと頑張っても認めてもらえたり愛されたりするものではないという考えから，何かに夢中になったり自分のすべきことをこなし努力したりということはなくなった。

○バレエ学校に進みたいと思った理由は，小さい頃からクラシックバレエに憧れていたこと（通っていたスイミングスクールの中にバレエ教室があり，身近な存在であった）と，父や家，当時居住していた地域から遠く離れたいと思ったことであった。また，中学校生活３年間で全く勉強をしていなかったため，普通の高校に進学できるとも思えなかった。最初は，名古屋にあり高卒資格も得られるバレエ学校に進みたいと考え父に申し出たが，当然猛反対された。

　母は自身が多趣味であったこともあり，全力で私を応援してくれた。

　当初，川畑先生に「普通の高校に進学してから」と言われた時は，自分の"逃げ"の気持ちを見透かされているようで，後ろめたかった。案の定，バレエ学校でも自分の目的や情熱を見失ってしまった。コンプレックスに呑み込まれたからだ。

　今，我が子（長女）が新高校二年生となり，当時の私を見ているようで何とも言えない気持ちになっている。川畑先生や母が私の気持ちを尊重し信じて応援してくれたのに，大きく裏切ることになってしまった。あの時の川畑先生や母のように，私は私の長女を応援出来ずにいる。

川畑先生は，私がバレエ学校と同時に県立の通信制高校に進んでからも，高校の担任の先生を通じて私のことを気にかけてくださっているようでびっくりした。その後，妊娠出産し"シングルマザー"となってからも，ちょこちょこ電話をくださり私の近況を聞いてくださっていた。2010年（？）には，やっと高校卒業のご報告が出来，少しほっとした。恐ろしいことに，卒業するまでに休学期間も含め10年もかかってしまった。

③今だから聞きたいこと
　私は，反抗期真っただ中に長女を出産し反抗期は強制終了してしまった。普通に育つ過程で，自分自身の努力・知恵・成長によって反抗期を抜け出したのとは違う分，どこか自分の中に，歪みというか未だ消化できずにくすぶっている何かがあるように思う。
　あの時，先生が心配しながらも私の背中を押し見守っていてくださったように，私も長女を見守ってやるにはどうしたらよいか。
　また，もしあの時もっと客観的に自分を見つめ素直になれていたら，もっと違う結果になっていたのだろうか。

④今だから言えること
　今思えば，何にでも反発し言うことは聞かない or 聞きたくない（すみません）わりに，自分をどこまで気にかけてくださるか，見守っていてくださるか試していたのだろうと思う。
　でも，あの時はどんな言葉をかけてもらっても，きっと頑固な私のことだから突っ走ったのではないかとも思う（すみません）。

第8章 「これはちょっと逃げられないな」

川畑先生

> **①当時の関係の中でとくに印象に残っている出来事**
>
> 　第一印象は，容姿端麗で大人びていた。スタイルがよく，小顔で足がすらっと長い。目が大きく，利発な感じで，目を引いた。社会科が得意であった。
> 　私は，日常の私に対する彼女の言動から，大人不信のところがあるように感じた。教師が本気で関わろうとしているか，試しているような表情をよくした。
> 　中学１年生の時は，美術科担当の男性教員が担任であった。２年生，３年生は川畑が担任であった。
> 　彼女は女子４人のグループに属しており，他との交流はあまりしない様子が見られた。
> 　中学２年生の最初，自殺をしたいと，校舎３階の非常階段のところで私に言った。そのとき，私はなぜそう思うのか聞いた。
> 　友達関係はおもしろくないし，なぜこの学校にいるのかと思うようになったと言った。
> 　私自身，中学２年生の時，まさにそのように思い，生きている意味に悩み，苦しくてどうしようもなかったことを思い出した。そして，共感を覚えた。
> 　卒業後18年経って，私が定年退職するときに彼女は中学校に会いに来てくれ，そのときに話してくれたことで，その意味が分かった。
> 　本人は中学受験をして入学したのだが，それは，父親への反抗のためであった。
> 　中学に合格することで目的は達成され，中学校生活に対する希望はなかったということであった。
> 　日常生活で，時として投げやりな態度や一所懸命取り組む姿が見られないことがあったのは，そういうことであったのかと思った。
> 　中学３年の秋の進路相談で，クラシックバレエの学校へ進みたいと言った。
> 　高校は夜間に行くと言ったので，正直びっくりした。成績は悪い方ではなかった。
> 　高校を卒業してからそちらに進んではとアドバイスしたが，本人の意思は固く，希望を貫くようだった。そこで，私も応援するべく，京都のバレエの学校を事前に訪問し，本人の意思が固いこと，熱心に練習するであろうこと，夜間の高校に進学して，勉強と両立する意思を持っていることを伝えた。

②その出来事をどう感じていたか

　自殺したいと言ったことについては，私も中学2年生の時，自分とは何か，自分の存在価値はどのような意味があるのか悩み，もがき苦しんだので，気持ちを共有したいと感じた。

　ありきたりに自殺を止める言い方をするのではなく，自分の気持ちを伝え，本人の気持ちを聞くことを中心にした。

　バレエの学校に進みたいと言ったときは，昼間の高校に進んでからにしてほしいと思った。一つの道を早くから決めてしまうのではなく，様々な考え方を広げる場に身を置いて，じっくり自分の道を考えてほしいと思った。

　しかし，本人の意思が固く，本人の希望に添い，応援しようと考えた。

　高校在学中に子どもが生まれたという報告を本人から聞いたときは，正直，やはりそうなったかと心配していた状況になったことで，私はショックだった。

　私がやはりそうなったかと思ったのは，彼女は人目を引く容姿であったこと，高校に進む目的は，とりあえず，親に対して，高校というところに身を置くということで（当時，県立高校のトップクラスの高校の通信制に入学したので），親に対する体面は保ったが，学業に対しては本気で取り組む気配はないように思われたことなどが，その理由であった。

　しかし，こうして私に報告してくれたことを感謝し，心の繋がりがあったことを喜んだ。

　一時休学していた通信制の高校も再び通学し，卒業式には私を招いてくれた。

　本当に，「おめでとう！　よくやった！」と，感激で胸がいっぱいだった。卒業式には，彼女の娘，ご両親も出席した。父親とは距離を置いていたが，卒業式に招いたことで，彼女のわだかまりが少しほぐれたのかと安心した。袴姿がよく似合い，私はわが娘のように嬉しく，卒業を祝った。

　彼女は，中学卒業後，18年間現在まで毎年続いている同窓会に，可能な限り出席している。子どもと一緒に来たこともあり，彼女の様子を見て，また，話を聞いて，自分の人生を悔いていないと思った。

　新しい伴侶と巡り会ったとき，そして，赤ちゃんが生まれたとき，必ず連絡をしてくれていることも，心の繋がりがあったのだと嬉しく思う。

　私が定年退職すると聞いて，赤ちゃんを連れて中学校に会いに来てくれ，新し

い伴侶のこと，伴侶のご両親が彼女をかわいがってくれていることを聞いて，本当によかったと思った。

彼女は，自分を必要としている人に巡り会うことができ，人を信頼することを今，しみじみと感じているようであった。

③今だから聞きたいこと

自殺をしたいと言ったときの私の話の聞き方やアドバイスをどう思ったのだろうか。

担任として，私の支え方はこれでよかったのだろうか。また，そのとき，もっとしてほしいと思ったことはどんなことであったのだろうか。

④今だから言えること

大人の様子を，懐疑的に見ていて，鋭く繊細な子だと思った。正直に正面から接しなければ，とことんこちらを試すだろうなと思った。

利発な生徒だったので，まだまだ自分を磨いて，可能性を追求してほしかった。

高校生の時，子どもを生んだので，この先，やけになってしまわないか，とても心配した。しかし，密着してしまう師弟関係は危険だと思ったので，支え方に悩んだ。

でも，いつも，定期的に連絡を取ってきてくれ，本当に嬉しかった。

まっとうに生きてくれているだろうか

――（山本）　なんで先生に，こうやって節目節目で話をしようかなと思ったんか，そのへんについてちょっと教えてください。

川畑　（私も）聞きたいわ。

――他にもいっぱい，先生おったやろうに。

さやか　私の印象としてはむしろなんか，いつも忘れたころに――と言ったら悪いですけど――ひょっこり先生が電話くれはることのほうが多かった気がします。

川畑　ああ，そうか。

さやか　自分はそう思ってました。

川畑　うんうん。やっぱしね，気にかかる子やからさ，「ああ，今どないしてんねやろな」とかはずっと思ってた。……（中略）……そうそう。だから本当に心配なんです，やっぱし。まっとうに生きてくれてるやろかとかな。すごいスラーッとしてて……。私，そこ（注：川畑先生が書いた事前の文章。章の冒頭を参照）には書いてなかったけど，プールの（安全のための）監視とか，なんかあったらあかんから，…（中略）…だから空き時間でちょうど体育の授業があるときはプールの監視の当番とかあるんですよね。そしたら，（水着姿を見たら）すごかったです，スラーッとしてね。こんな，私のここまでほど脚あってね，ウワー，きれいやなと思ってね。それが一番印象に残ってますね（笑）。

　だからこそそこに書いたけど，通信制へ行ったときに，悪い人に引っ掛からへんかったらええねんけどって，それはめちゃくちゃ思いましたね。…（中略）…やっぱしそういうのが心配やったんかな。で，ポッとこう，「今，どないしてんねやろう」とか（思って），電話かけたんかな……と思う。

さやか　いつも先生が突っついてくれてはったから，それに対しての返事みたいな感じだと思います，たぶん。いつも聞いてくださってたから，……の報告ですね。

川畑　で，私が気いつけたんは，ここ（注：さやかさんが書いた事前の文章）にも書いてくれてるけど，お母さん的な立場の存在やからね，自分の息子と同い

年やからね。

さやか　うんうん，そうですね。

川畑　それがすごく難しかった。

さやか　ああ。

川畑　かまいすぎたらうっとうしいし，距離の取り方ね。学校の教師としてっていう立場やけど，私はどっちかいうとのめり込むタイプなんでね，「ほっとけへんわ！」とか思ったら，ついついぐうーっと行ってしまうから，そこらへんの距離の取り方がね，とても難しいなとは思っててん。だから，かまいすぎずに，でもある程度「どうしてるかな」って定期的には声かけてたんかな，そのときのことを今思えば。

さやか　ずっと……お電話くださったりとか，同窓会もね，ちょこちょこ顔は出してたと思うんですけど。そうそう，たぶん先生がそうやってかまってくれはったから，私も（自分を）出すことができたと思うんですよね。

父と母の関係

――で，先生がちょっと心配してはって（いて）（でもさやかさんは）覚えてないっていう，「ちょっと死にたいな」みたいなことあったん？

さやか　そう言ったという，そのことについては覚えてないですけど，そういう気持ちでずっといたのは……。でもね，保育園ぐらいからけっこうなんかこう，自分っていたらまずいかなっていう考えというか，感覚ではずっといたんですよ。もう物心ついたときからそういう感じやった。たぶんそのピークが中学校ですね。

川畑　それはやっぱしお父さん，お母さんの関係とか？

さやか　あ，そうですね。父と母の関係とか，母と父方の祖父母との関係とかですね。

川畑　この前，私は聞いたけど，（司会者が）ちょっとご存じないのでね，そのへんをもし話できたら，ちょっと話してくれる？　そのお母さんと，お父さん方のお祖父ちゃん，お祖母ちゃんの関係っていうのは……。

さやか　そうですね。うちの父の両親とか，家族っていうか，わりと学歴もあったり，おじが医者だったり，祖父は中学校の教員，で，その弟は大学教授とか，わりとそういうプライドがあって。母は母で，父親——母方の祖父——を早く亡くしてたんですね。学歴もないですし，そういうとこでちょっと卑屈になってたりして。でまあ，私がちっちゃいころから，なにかいいことしたら，父の遺伝のお陰やみたいな，血筋なり，っていうのがあって，私が失敗すると母方のせいにしたりとか，母の躾がとか……っていうのはよくあって，目の前でしょっちゅう喧嘩もあって。

　で，母が——そこ（注：さやかさんが書いた事前の文章）にもちょっと書いたと思うんですけど——趣味に逃げたんですよね。もう家にいない人になってしまって，週6日ぐらいはずっと家にいなくって，母が出かけるたんびに，「もう捨てられたんやで」って父から言われ続けてたりとか。（父は）冗談のつもりなんですけど，父も子ども時代にクラスメートをいじめてたとか，けっこうそれを自慢気に言うんですよ。ちょっとなんというか，あんまり人の気持ちとか，メンタル的な部分に，たぶん目が向かない人なんで。なんかまあ，母も，ずっと，私がいなかったら別れてたとか，ずっと言ってましたので，で，たぶん逃げる気持ちが強かったですかね。

自分がいない方が世の中は丸く回る
川畑　目の前で言われたら，堪らんわなあ。
さやか　「どっちがいい？」とかよく聞かれましたよ，父には。どういう言い回しで言ったのか覚えてないんですけど，父と母が別れたときに，父とお祖母ちゃんのことは好きやんな，こっちに来るよな，みたいなことは言ってましたし。だからいつも母といっしょにいてても，父が会社から帰って来るときには，もう急いで2階に上がって寝に行ったりとか。なんかずうっとそういう感じでしたね。母もけっこう，愚痴とか家族の悪口を誰彼なしに言う人なんで，だからずっと聞かされていましたよね…（中略）…。けっこうもうお互いがずっと相手の悪口を言い続けてたので。だから別になんか自分がいないほうが，むし

ろ世の中は丸く回るんじゃないかっていう気はずっとしてたんですね。

進学と父に対する責任
——そのときは（その話は）先生には言ってはないのか。

さやか　そうですね。たぶんそのいろいろなモヤモヤの原因が私も大人になってからですね，たぶん，はっきりしてきたのは。

川畑　そうですね。で，いろいろとこういう山本先生の（この本の出版の）お話があって，で，じつはそうやねんけどとか，いろいろと生きてきたことを，ものすごい悩んでる子がいてるから，で，ものすごい悩んでる先生がいてるから，お互いそういうのって出せたらいいよね，みたいなことを言うたら，そういうときにだんだんとそういう話が聞けてきて，で，中学校を受けたっていうことも，受かったら，もうそんでお父さんに対する責任は果たしたみたいな……なんていうのかな，なんか（そういうことを）言うてたね。

さやか　そうですね。

川畑　学校へ入ってからね。

さやか　父は私が受験した中学校，落ちたらしいんですよ。

川畑　ああ，それがあったん。

さやか　そうです。で，父は〇〇高校（県内の進学校）から，大学は□□大学（有名私立大学）の法学部ですけど，けっこうそういう学歴とか，できて当たり前じゃないけど，自分基準でそれより下はダメ，みたいな感じやったから。だから父が落ちた中学校に受かればまあ，取りあえず，箔が付くでもないですけど，自分で，そこで終わってしまった気もします。

川畑　私ちょっと，これは勘違いかどうかしらんけども，通信制へ行くときも〇〇高校というネームバリュー？

さやか　ああ，そうですね。

川畑　それがお父さんもなんかすごく……。

さやか　そうです。だから本当はたぶん〇〇高校の全日制に行ってほしかったみたいで，最低でも△△高校とか，××高校とか，上位の高校にはたぶん行っ

てほしかったと思うんですけど。だからバレエ学校へ行きたいと言ったのは，全然違うほうに逃げたいというのもあったし，興味もあったんですけど。そこに○○高校の通信（制）を当てはめることで，なんかこうお互いの妥協点がそこになったみたいなね。○○高校の定時制も他の学校と両立は無理じゃないですか，定時は。通信制でも取りあえず○○高校やったらマシか，みたいな。だから私立の通信制とかやったらたぶん行ってないと思います。

川畑　ああ，そうか。

さやか　そういう感じで。

人を信用できない子？

川畑　なんか，3階の教室のところの，教室が一番奥にあるでしょ，あそこの階段のところで，「私なんかもういてなかった（いなかった）ほうがいいわ」とか「存在価値ない」とか「死にたい」とか。

さやか　ああ，そうですか。

川畑　うん。それと他人に対しても攻撃的やったな。同級生というのか，自分がもう一つそりが合わへん，そういう子らに対しても。だから，ものすごく人を信用できひん子やねんなっていうのはすごく思った。ほで（それで）私自身な，前の（に勤めていた）学校でもそうやけど，そういうふうにして相手を，「先生，どこまで私のことにかかわってくれるのかな」と試す子がけっこういてた（いた）からね，「ああ，来たか，来たか，来たか」みたいな感じで。

さやか　ああ。

川畑　うん（笑）。だから当たり障りないような言い方とか，リップサービスみたいなこと言うたかて（言っても）この子は見抜くやろうな，っていうのはすぐわかったわ。……で，読書量は図書館通信でね，1位になるぐらいの読書量をしてたから，本もものすごい読んでいるし，いろんなこと，心の中にもあるやろうし，頭の中にもあるやろうし，っていうのはすごく思った。

第8章 「これはちょっと逃げられないな」

人間関係の難しさ

——ここ（注：さやかさんの文章）でね，今も自己肯定感ちょっと……って書いてあるのと，あと1年生のときの人間関係を壊したということを書いてくれてるけど，ここについてちょっとまた先生と……。先生，知ってはるんやったら（知っておられるのだったら）話してみて。

川畑　1年の人間関係というのは，私は……どうやったやろ。

さやか　1年〇組で，最初けっこうね，なんか……。中1って，まだ男女の境もはっきりしてなくって，たぶん仲良かったと思うんですよ。それは，なんやったかな，なんかまあ，私がたぶんいらんこと言ったとか，態度が悪いとかいう類いのことやと思うんですけど……。で，卓球部の男子しかなかったんですよ，あのときに。で，女子で卓球部をしたいって言って，A先生に許可もらって始めたんですけど，そこでたぶんなんかもめたか，分裂したかなんですよ。これが原因でっていう，はっきりは覚えてないんですけど，私もそこに行かなくなって，ですね。なんか，私が一人外れた感じですね，人間関係の中で。

川畑　2年のときもそんなことなかった？

さやか　2年のときは，でもね，2年のときは（学年が）上がって，Bさんは，Cちゃんといっしょにいてたのが，クラス変わって外れて，DさんはEさんとクラス分かれて外れて，Fちゃんはたぶん，あんまりみんなのグループの中にいてへんかったんか，1年のときあんまり知らないんですけど，で，言ったらそのあぶれた4人が集まった感じで。

川畑　ああ，そうやったんか。

さやか　最初そうですね。

川畑　ということは私，1年のときのいざこざに学年の教師がみんなでかかわって解決したいっていう，そういうスタンスの学年やったから，みんながお互いを言い合うて，助け合うてという，そういう学年集団の先生（たち）やったからね。ああ，だから1年のときの（さやかさんたちのいざこざの）ことをすごい激しかったんは（他のクラスの担任だった私も）覚えているわ。そういうなんか，（さやかさんは）他人を攻撃してたような気がするなあ。他人というか，友

193

達を。
さやか そう，たぶんそのグチャグチャになったときに，私がそういう方向に出た気はしますよね。私の立場から言うと，なんか後から後から「あんとき，こんなん嫌やってん」とかいっぱい言われて，その集団の女の子何人かから言われて，それ一気に言われたんですよね。なんか「私もこんなんやった」とか。自分としてはよかれと思って言ったことも「そんなん，すごい嫌やったし」とか。

（中略）

これはもう逃げられない
――学校は途中で，何年生？　中学は卒業して，で，高校のときにちょっとやめたりして……やめたんかな？　通信に行ったのか，すぐ？
さやか そうです，すぐに……。
――あ，入らんと……。
川畑 京都のバレエ学校へ行って。
――あ，そうか，バレエ学校へ行って。
川畑 並行して通信をやってたんです。
――通信に行った。
川畑 で，(中学) 2，3年が私，担任持ち上がりで担任やったんですわ。
――でも中学を終えて，先生とはちょっと離れて，学校行った。でも先生との関係は続いていたんかな？
さやか 高校のその担任の先生から，ちょこちょこ川畑先生の話を聞いてまして，「ちゃんとしてるんかっていう，連絡があったぞ」っていうことを，ちょこちょこ言われまして（笑）。
川畑 （笑）
――ふーん。ありがたいなあ。
さやか 「あ，これはもう逃げられへん」と思いましたよ。
川畑 （笑）

さやか　高校へ行っても……。高校が中学校の隣なんですよね。
――ああ、そうか。
さやか　それもあったし、なんかちょこちょこ「ちゃんとやってんのか」って聞かれてるっていうのを、担任の先生に言われて、「あ、これはちょっと逃げられへんな」って思いました。
川畑　（笑）
――嬉しかった？
さやか　ちょっと照れがありましたかね。
――うん。先生なんで聞いてはったの？
川畑　いや、気になりましたもん。
――そやんねえ（そうですよねえ）。
川畑　それは気になっ……ちゃんとやってるかなって、気になりましたわ。はい。やっぱしこう、途中で折れる子もいてますやん、通信というたらね。
――いや、でもそこで切れへんかったいうんがすごいね、今に至ってるもんね。

この子らしい生き方をしてほしい

川畑　傑作な話あるんですよ。
――あ、言ってください。
川畑　京都のバレエ専門学校へ行くときもね。秋に校外学習、京都巡りっていってやって、グループ活動するんですよね、みんなで。そのときにね、私だけ、学年主任に「先生、お願い。私、この子のバレエ専門学校へ話つけて来たいから」って、ダーッと◯◯町だったかな。
さやか　はいはい、そうです。
川畑　そこへ行って、こんな、（さやかさんを）売り込んできまして、私の名刺を渡してね。ほんで、「ほんまにええ子ですから、がんばりますから」言うてね。なんかそれを覚えてますわ。校外学習の途中で抜けて、主任に許可とって。
――それって、誰にでもはせん（しない）でしょう？
川畑　しませんねえ。

——なんでこの子やったんかな思うて（思って）ね。やっぱり気になったっていうのは，気になったいうのはどういうことなのか……。

川畑　あのねえ，やっぱし根底には，この子にこの子らしい生き方してほしいなという，なんかなあ，愛おしさというのか，いじらしさというのか，ありましたね。だってね，いろんな生き方できますもん。そのとき私が思ったのは，お父さんのことはうすうす聞いてた，感じてたけど，こんなに具体的には，話してくれたんは後になったんですけどね。私も父親にすごい反抗してて，中学校を出たらもう高校は家，下宿して奈良で高校へ来てたんですよ。だからすごく……。私はそのとき，高校のときちょうど挫折したことあって，で，大学を落ちてとかね，いろいろとあったんですよ。で，悶々としたから。やっぱしこの子にはね，いっぱい選択肢があるにもかかわらず，こういう人生選んだから，なんとしてもこの子らしさをね，保てるような場所づくりしてほしかったなっていうのを，すごく思いましたね。

他の子どもと比較される

——そのときには感じてましたか，そういう先生の思いっていうの？　どうやろ。

さやか　今になってですかね。今になってというか，ちょっと後になってかな。一番最初にアレッて思ったのが，高校に行ったときに，高校の先生からその話を聞いて，なんか中学校を卒業して終わりと思ってたから，そこでびっくりしましたね。あれ，終わりじゃないのかなっていうか。そこからちょこちょこ聞いてくださってて，うん。たぶん中学校のときは，その当時はどういう言葉をかけてもらっても，どんな態度をしてもらっても，たぶん自分は受け入れられへんかったと思うんですよね。でも，それに懲りずにというか（笑），ずっと突っついてくれてたから，どっかでたぶん殻が割れた気がしますよね。

——敏感やったんやと思う。で，中学のときにはちょっと殻が割れへんかった理由（と）いうのは，たぶん割れへん子がいっぱいおると思うんやけど，自分なりになんか，（今，殻を割りたいのだけれど，そうできない子どもたちに）伝えて

やってくれるようなことってあるかな。なんで割れへんねやろな（割れないのかな）と……。

さやか　私の場合は家庭環境でしたけどね。そこはね，いまだに解消できてないんで，いまだに複雑なので。そこの原因がなかなかね，取り除いたらいけるんでしょうけど，それって一番取り除けない部分なので，それは難しいですよね。それが家庭じゃない人やったら，また違う方法があるかもしれないですけど。

——家庭，多いですよね，先生。多い？　多いね。

川畑　そうですね。根本的なところがやっぱり家庭で，さっきも言ったけど，自分は愛されてないんちゃうやろか（じゃないか）とかね。これだけのことを言える相手なのか，っていうところも私はだいぶ試されたと思うで。ほんまにこの人，どこまでかかわってくれるんやろかとかね。だから軽はずみに言いたくないとか，そんなにさらけ出したくない，とかいうことになっていったんかなって，私は今にしたら思う。

さやか　そうですね。先生のお子さんがちょうど自分と同い年やって（同い年で），勝手なイメージで，自分よりよくできはるやろうしとか，比較されて「こんなクソみたいな子どもやったら大変やろうな」とかは思ってたんですよね，私と付き合うのが，先生が付き合ってくれるのが，だからしんどいやろうなとか思ったし。

川畑　私も自分の子どもをね，850グラムで生んだとか，全然子どもたちに言ってなかったんですよ。そこはね，すごい気をつけたんです。なぜかと言うたら，親が子どもに対するような感じで言うてしもたら，「この先生，家のことばっかし言うてるわ」って。このくらいの時期の子ってね，それ嫌がるっていうのをようわかってたんですよ。

（中略）

さやか　うちの父もけっこう近所の同級生の子で，頭がよくて，顔も可愛くて，運動もできて，なんかあの子いいなみたいなことを，けっこう言っていたんです，私に。だからなんか，同年代の子どもがいる人はきっと自分の子どもと私

を比較して見てるんちゃうかな，っていうのがあったんで。
川畑　ああ，なるほどね。
さやか　たぶん試すっていう行動に出たというか，出た記憶がないんですけど，きっとそういうふうに思ってたん，そこかなと思うんですけど。あとはたぶん単純に気づけなかった気はします，そのとき。その，何が原因っていうのは，自分で理解できてなかったので。今になって，結婚したらよその家を見るじゃないですか，よその家族関係とか。そういうのでやっと，「いや，ちょっとうちっておかしいぞ」っていう。ちょっとずつそういうのが出てきましたかね。
川畑　自分とこの家ってこんなもんやろって，よそもこんなもんやろうって思いますもんね。
さやか　そうですね。なんで自分でそこで苦しいというか，悶々としてるのかがわからなかったです，そのときは。先生に対して，疑い，疑いでもないけど，なかなか飛び込めなかったのはたぶんそういう，自分が比較されてるんじゃないかとか……かなと思いますね。

同窓会
川畑　……私は，だから，……とことんかかわろうというか，この子がやっぱし幸せな人生を送ってもらいたいからとことんかかわりたいっていうのは思ったな。でもそれ，押しつけとか押し売りになったらかなんから，すごいそれも距離感をおいてな，やっていたんやろうな，今にして思ったらね。で，定期的にていうか，あんまりどうしてる，どうしてるって，やかましい（やかましく）も言わんと，本人には電話かけんと，高校の先生には「ちゃんと行ってますか」って（笑）。そういう距離感をとりながら，でも覚悟はしてたよ，一生というのか，お節介かわからんけど。で，ありがたかったのは，この子も同窓会に来てくれてたていう（くれてたという），すごく嬉しかったです。
　　男の子とけっこうしゃべったりとか。…（中略）…
さやか　そうですね。
川畑　けっこうね，今でも連絡取り合うたりとかね。なんかあったら，私の退

職のときもね，去年ね，この子もやし，男の子ともね。「先生，（永遠の）28歳，ついに定年退職，クエッション，クエッション（28歳で定年？）」とかいって，カード来てね。みんなでね，すごいきれいな花をフラワーバスケットに入れてね，贈ってくれて。本当に，もう泣かされましたわ。

さやか　いつも男子たちが動いてくれますけどね。ラインのグループがあるんですよ，3年○組の。

川畑　あ，私も入ろう！　とか言って（笑）。

さやか　うん，いろいろ。

川畑　そうなんや。情報交換もやってんねや（やってるんだ）。

さやか　そうですね。企画で，今度先生が退職されるからとか。こないだもなんか，集まってたみたいですけどね，こないだの年末もね。

川畑　そうそう。なんか言うてたね，Gくんやら，あ，ちゃうわ，誰やった，Hくん。

さやか　Jとか。

川畑　Jくん，うんうん。東京行ってる子もいてるんですけどね。どこかで殻が割れたんか……。でもありがたかったのは，（さやかさん，）高校へ行っても，いつも来てくれてたっていうのもあったのと，どこかで殻が割れたんか……。お子さんも連れてよう来てくれていたもんな。

さやか　一番最初にその殻にヒビが入ったのは，その高校の先生から……

川畑　（笑）

さやか　（笑）連絡してもらっているっていう話を聞いてからですね。そのときはね，なんかわからへんかったと思うんですよ。たぶん違う方法とか，違う言葉をもらってても，そこで気づくことは難しかったと思うんですけど。後になってから，なんていうかこう，うちの長女の中学校の先生とか見てても，言葉は悪いですけど，ベルトコンベアーの上に乗った製品といっしょで，まあ見てますよね，見てるけど，時間が来たら流れていくじゃないですか，別に自分の責任があってもなくても。それが，川畑先生は全然違うっていうのを，自分の娘の担任の先生を見たときに，あ，全然違うって思ったんですよね。そのか

かわってもらってたのが、うん。なんか、大人になってというか、中学校を出てから気づかされることが大きかったですね。

大学に行く

川畑 それで（高校再編成で）★★高校に学校変わった（合併して校名が変わった）ときもね、そっちへ行って続けるっていう連絡あったとき、すっごく嬉しくって。ねえ、学問て財産ですやんか、だからやっぱし、この子の中でそういうのがね、一つ一つ修了していくというのが、すごい嬉しかったですね。今も悶々として☆☆大学の通信制やってるけど、それでもそこへ食いつくとか。小学校の図書の整理とか、いろいろと支援員として行ってたっていうことも、やっぱり教育にかかわるっていうことの興味とか、もともと本も好きやしやけども、そういう、子どもを育てる……。

さやか 何でしょうね。

——先生？　先生の影響？

さやか （笑）うん。自分としては特別に今までの人生の中で、教師になりたいとか、携わりたいと思って何かをしたことはないんですけど、高校行って、その★★高校に替わってからもけっこう気にかけてくださる先生がいてて、ずっと。けっこう職員室で休憩したりとかしてて。で、一番……「警察学校に行ったらいいねん」って言われて、その★★高校の教頭先生に、その先生が警察学校の教官をしてはった人で、で、高校に出て（転勤して）きてはって、で、言われて、で、一回受けたんですけど、その「プランB」として「大学も行ったらいいんちゃうか」って言ってくれはって。なんせ、子どももいましたし、生活苦しかったとか、いろいろあって、「公務員っていいぞ」みたいな話を、その先生とか、何人かの先生してくれはったんですよね。で、☆☆大学とかセンター（試験）受けて普通の四大とか、いろいろ考えたんですけど、学力もないし仕事もしてるし、センターで受けては無理やなってなって、通信制の大学……☆☆大学とかね、いろいろ放送大学とかやって、もうどうせ行くんやったら教免取ったらいいんちゃう（いいんじゃない）って言われて、で、そんときにその高

校の先生で，いつもかまってくれてたその先生と，川畑先生のことがあって，一応，中高の教員免許を取れる課程にはいるんですけど。それはでも，ちょっと言葉にするには気が引けるぐらい，全然単位が取れてない……。

（中略）

共通のものを感じる

川畑　そう言えばね私，この子の話聞いてて，それを私も感じてたんかなと思うことがある。なぜかというと，中学校のときにね。ほんまに偏頭痛で，自分が人よりももっとよくなりたいとか，高みを目指したい。でも現実に自分はこんなん（こんなの）っていうことで，ギャップで普通に歩けなくて，こんな感じで歩いてて，すごかったんです。それで死ぬことばっかし考えてたんですわ。

──先生（が）？

川畑　はい。で，私はこの世の中ですごく存在価値のない人間やとかね。で，そのくせ人には負けたくないから勉強はしたいとか。で，自分の容貌も全っ然自信なかったんですよ。今はね，笑うように，よくなりましたけど，笑ったことないし，写真撮るときもこんな感じで，すっごくねもう，頭は兄と比べられ，容貌は従姉妹とか母親と比べられ，だから私なんかもう，なにしてもあかんわ思ったぐらい。で，もう吐き気と偏頭痛。

さやか　頭痛薬飲みまくってました，そのとき。

川畑　なんか感じたんかもわかりませんね，共通のものを。この子から聞いてないけども。

──感じたんかな。

川畑　で，しんどくて，しんどくてね。うん。だからよけい，なんかビビッと響いたんかな，今にして思えばですよ。私がこの子見てて。というふうな気もしますね。

（中略）

教師は見返りを求めない

川畑　高2のときかな，私，自分の殻を破ろう思うて，笑う練習しましたね，鏡見て。下宿の夜，夜な夜な（鏡を見て）ニコーッと笑うて。やっぱしこんなんではあかんわという感じでね。でも，教師って見返りを求めてはあかんと思うねん，私はやで。私はそう思うてんねん。ほいでね（それでね），私はさやかちゃんにかかわらしてもろうてな，すごく，勝負やったところもあるのよね。これは試してるわと思って。でもね，勝つ負けるじゃなくて，どこまで私が支えられるかなとか。でも奢ってしまったらあかんからな。「こんだけしてあげてん」とちごうて（ちがって）ね。うん，やっぱり嬉しいわ。ともに成長できるし，ともに気づき合えるのは嬉しい。というのと，これも距離感アレやけど，わが娘みたいなもんですやんか。そやから，こうやって自分の自己実現を……今ね，すごくがんばってもらってるのが，すっごくね，私もあの……。

――嬉しい？

川畑　嬉しい。

さやか　いまだに迷走中ですけど。

川畑　いやいや，道は開けるし，学問に期限はない。

　　　　　　　　　　　　　（中略）

絶対いつか死ぬから

さやか　（今苦しい子にエールを送ってほしいという司会者の言葉に応えて）……私，死にたかったんですよ，ほんまに，ずっとね。でも結局，そんなことを思って言っている割に，そんな度胸もないし，大それたことができなかったんですよ。結果的にはそこなんですけど，そう思っている割に，そんなんもう何万回死んでるかって思うぐらいね，そう。だけどなんやろうな。いわゆるチキンというか，びびりというか，しきれなかったから生きているのもありますし，やっぱり周りに……。川畑先生が一番たぶん，基点になってくれはったと思うんですけど，自分の……なんというか，ずっとそこにたぶん，いてくれてはった，帰るみたいな感じで……。こう蛇行して違うほうへ行ったり，なんかこう

第8章 「これはちょっと逃げられないな」

メチャクチャになったりするんですけど,帰り道になってくれる感じやって,たぶん。で,ふと思い出してそこに帰れるみたいな感じやって（感じでして）。そういう人がいてくれたっていうのが,もう一つと。

　あとは,なんやろうな。いくつかあるんですけどね。絶対死ぬじゃないですか,そんな慌てなくても。絶対いつか死ぬから。

川畑　なるほど。

さやか　そうそう。死のう死のうと思っても死ねなかったからね,自分が,そんな勇気もなかったし。どうがんばっても,逆に絶対死ぬから,そこまでじゃあがんばって生きようかって,自分で安心する……。話の仕方がおかしいんですけどね。いつか絶対死ねるから,今そんながんばって死なんでもいいわ,みたいな感じで思って……。

――それは自分で浮かんできた？

さやか　浮かんできたのもありますし,ずっと死にたい底のときは海に行ってたんですよ。でね,母方の祖母が亡くなった病院の近くの海やって（海で）,そこに行くと,祖母にすごく怒られてるような気持ちになってね。海ってこう,夜中なんですよ,もうほんまに3時とか4時とかに,フラッと行って,ずっと何時間もそこで見てたりしたんですけど,吸い込まれるような気持ちになるんですよね,見てたらね。……（祖母は）すごく,けっこう厳しい人やって（人で）,すごく苦労してる人やって,すごく「そんなしょうもないことしてるな」っていう感じで,怒られてるような気持ちになって,落ち着いて帰るっていうことを何回かやってまして。

――ほんまやったら,そのお祖母ちゃんの（話）がなかったらいってしまう感じもなきにしもあらずやったん（だったの）？　そこ（海）まで行ってるっていうのは。でもそういう勇気はなく？

さやか　そうですね。結局自分が死んだ後に,しょうもないというか,だいぶアホなんですけどね。自分がもし死んだときに,誰も葬式に来てくれへんかったら嫌やなとか。みんながむしろ清々してたらちょっとショックやなとか。なんかいろいろ考えたり,あとは子ども（が）早くにできてますからね。生きな

いとしようがないというか，生かされてる部分があって。産もうと思って産んだっていうより，いっしょに死ぬか，いっしょに生きるか。いっしょにいようと思ったんですよ，とりあえず。そのままなんか，中絶するまでに考える時間をつくろうと思って，とりあえずいっしょにおっとこう（いよう）と思って，妊娠期間を過ごしたんですよね。だからまあ，娘の存在もあったし。

　いろいろ自分で思って，自分をごまかしながら生きてますけど。元の自分のスペックがすごく低いから，始まりがここの人と，ここの人がいて，到達点がここやったら，この人はこんだけ（これだけ）しか成長できてないように見えるけど，自分はこんだけ成長したって思えるじゃないですか。そういう感じですかね。調子のええときはそう思えるんですよ。自分も，全然あかんやつなんですけどね，ちょっと伸びしろがあるんじゃないかって思うようにしたりとか……ですね。

——その「死にたい」の背景はもう漠然としたもので，言葉には別に，できひん（できない）もの？　なんでこんなに希死念慮が出てくるんやろう（だろう），という背景とかはなかなか言葉では……。

さやか　それはその時々にはありましたけどね。

——具体的なことが？

さやか　ありましたね。ありましたけど，結局すぐそこに行き着くのは，やっぱり自分の存在が許せてないからでしょうね，きっと。嫌なことがあったときに，その気持ちに逃げるのはたぶん。

——「許せてない」って言ってはるけど，（川畑）先生から見たら……許すっていうか，なん（何）やろう。……自己否定なんやろうか。……なん（何）やろうな。

さやか　なんでしょうね。

——ねえ。それ，考えてみ（て）一回。なんやろうと思って，あんまりないかもって思うかもよ。なんやろうなあ。空虚感？

さやか　嫌い……。

——嫌い……自分が？

さやか　うん。始まりはたぶん，その物心ついたときから自分がいなかったら親は離婚してたとか。
——ああ，そういうこと言われるからな。
さやか　そうですね。

　　　　　　　　　　　（中略）

死ぬときには全部プラマイ・ゼロに
さやか　（成長するにつれて，子どものころにもがき苦しんでいたことも大したことないと思えるようになるのはなぜか，という司会者の言葉に応えて）なんでしょうね。たぶんね，発達が不揃いかな。私の場合ですけど。考えたりとか，察したりするところはたぶんどんどん出てくるんですけど，それを納得するだけの自分の受け入れる部分とか，そこらへんが成長してないっていうか，結局アンバランスなんかなって。いっちょまえなことは考えられるんですけど，それを受け止めるだけの力がまだなくて，たぶん，自分はですけど。今になったら，なんかもう，しんどいこといっぱいあったんですけど。最初から恵まれて幸せな人生に見える人もいるじゃないですか，でもどっかで死ぬときまでにうまく均して，平均的によければいいかなって思えるようにはなったんですよね。谷と山がすごくあって，これが全部プラマイ・ゼロに，死ぬときに合わせられたら，いいかなって思えるようになって，今しんどくても。うまく言えないんですけど。
川畑　うんうん。なんか達観してるやん。すごい。私なんか開き直りでしたね。ここまでで，おんなじことや，死ねへん，自分は死ぬ勇気もない。
さやか　そう。

第Ⅱ部　元生徒と教師・スクールカウンセラーの対話

さやかさん

○当時（幼少期？）から今まで，ずっと自分の中で散乱し混沌としていた気持ちや考えが，山本先生や川畑先生と対話させて頂いたことによって一気にすっきり片付いたような気がします。
　自分でも消化しきれていなかったたくさんのことが，言葉として自分の中から出すことによって，改めて"あの時はこんな気持ちだったのか""だからこんな風に思っていたのか"などと，分析し整理することが出来ました。ハードディスクの最適化のような感じ。上手く言えませんが。

○当時住んでいた■■市を出てからかれこれ16年経ちますが，その時住んでいた家の前を通る度に一日中ブルーになっていました。前述の通り，自分の中で消化しきれていないものがたくさんあったからだと思います。
ところが，当日先生方との待ち合わせに向かう途中は初めて，"いつも何気なく過ぎていく街の風景"として，動揺することなく通り過ぎることが出来ました。

○当時は，川畑先生が私にかけてくださったどんな言葉も，まず反発ありき（すみません）で素直に受け止めることが出来ませんでした。大人特有のリップサービスというか，きっと"出来ない私"に合わせて話をして下さっているのだと思い込んでいました。でも，今回改めてお話をさせて頂いたことで，先生も色々な気持ちや経験をお持ちだったからこそ，ずっと気にかけて下さっていたのだと素直に受け止めることが出来，とても嬉しかったです。

○"生まれてきて良かった"とは未だに（これからも多分）思えない私ですが，川畑先生と出あえてこんなに長い間気にかけて頂いて，"生きていて良かったなぁ"としみじみ思います。自分の度重なる失敗や苦い思い出も，"フタ"をしないで少しずつ受け止め，克服出来そうな気がしてきました。

第8章 「これはちょっと逃げられないな」

川畑先生

> 1．子育てについて，客観視できるさやかさんの成長を感じました。
>   さやかさんが今，自分の子どもを育てている中で，当時の自分の親に対する見方が客観的に冷静に見られるようになっていると思いました。
>   当時の自分の父親，母親に対して，父母の考え方や見方，子どもに対する接し方を許すような，さやかさんの成長に驚きました。
> 2．◆◆市の山本智子先生に会いに行く途中，当時住んでいた■■市の自分の家を抵抗なく通ることができたという話を聞き，それほどつらい気持ちを当時は抱えていたのかと，本当にしんどかったのだ，自分の家が安らぎの場所でなかったのだということを思い，なんとしんどい思いをしていたのかと，心が痛みました。
>   そして，■■市の自分の家のそばを通れたと言うことは，しんどさを乗り越えられたのだということが伝わってきました。
>   それとともに，今の生活が本当に安らぎの場所になっていること，伴侶，伴侶の両親が自分を大切にしてくれていると，こんな安らぎは初めてだと，昨年私に会いに来てくれたとき語ってくれたことが，今，改めて大きな気持ちとして，私の心の中に膨らみました。
>   今の生活の喜びを，私も一緒に感じさせてもらうことができました。
> 3．同じ大人として，同じ立ち位置で様々なことを語り合える喜びを，実感しました。
>   大学の通信課程をもう一度受けたいと言ってくれたとき，本当に私にできることはして，支えたいと思いました。もう一度，さやかさんの能力を引き出してほしいと思いました。そして，自分のやりたい勉強をやってほしいと思いました。
>   「学問に年齢も締め切りもないよ。一生続けていけるよ。」と応援したいです。
> 4．我が子，我が娘のように感じ，いとおしさが一段と増しました。
>   これからも，ずっと応援し続けたいと思っています。

終章　学校でナラティヴを活かす

森岡正芳

1 学校でなぜナラティヴが必要なのか

　ナラティヴとは，物語，語り，ストーリーと言いかえられ，日常に使う言葉です。出来事と出来事をつなぎ筋立て，体験の意味を伝える言語形式を指します（森岡，2015）。出来事を人に話すときには，相手に応じて出来事を選び並べ替え，相手にわかってもらうように筋立てます。同じ内容を違った人に話すときには，出来事の選び方やつなぎ方も微妙に異なるはずです。

　教師が授業の合間に自分の体験談を生徒に語ることがあるでしょう。同一の教科で，同じ体験談を語っても，クラスによって出来事の述べ方，組み合わせ方，語り口も違っているはずです。クラスの雰囲気や教科の時間帯その他の要因が絡んでいるかと思います。生徒たちの受け取り方もおそらく様々でしょう。

　学校はクラス担任に加え，管理職，教務主任，生徒指導主任と教育相談主任，特別支援教育コーディネーター，養護教諭など様々な専門的役割を持った教師たちの集団で組織され，またカウンセラー，ソーシャルワーカーが定期的に学校に入ります。さらに学校事務員，用務員，スクールサポーター，そして保護者，PTA，地域のボランティアなどが児童生徒を囲みます。まさに多職種と多世代が織りなす独自の環境です。その中で教師や児童生徒が日々の生活を過ごします。

　学校は語りを日々生み出す場です。学校での出来事は，日々だれかれということなく，語られ続けています。小学生や中学生がいる家庭では，学校が一日

の話題の中心を占めることが多いでしょう。クラスや部活での出来事が，教師や友人たちが，家族の間で話題の中心を占めることも珍しくないでしょう。こういった日常の生活の中で語り聞かれる言葉は，語り手だけでなく聞き手にとっても，一人一人の体験世界をいきいきと伝えるものです。このような働きを持つ言葉をナラティヴと言います。

　ナラティヴは，本来，文学や歴史の用語です。学校での教育場面や生徒への支援の場面で，このような視点を導入することで何が見えてくるのでしょうか。それは，これまでの章で明らかになってきました。ナラティヴという視点を取ることによって，現場でつぶやかれてはいるが封じ込められやすい多様な声を聞き取り，その声を教育と支援に活かす道筋が開けます。

　ナラティヴには，現場で固まってしまいやすいとらえを少し動かすはたらきがあります。この特徴をもう少しここで，検討したいと思います。できれば，現場で行き詰ったときに，のぞましい変化を起こせるヒントになればと願っています。

　以上の課題を考えるにあたって，本書第Ⅱ部の対話が大切な手がかりを与えてくれます。第Ⅱ部実践編「元生徒と教師・スクールカウンセラーの対話」は，元生徒と教師・スクールカウンセラーが，当時をふりかえって，学校で忘れられない出来事や，そのころの思いを，それぞれに書き記してもらい，その上で再び二人が出会い，語りなおす対話で構成されています。互いにずいぶん時間を隔てたのちの再会です。生徒と教師そしてカウンセラーが当時をふりかえる対話が繰り広げられます。この臨場感はすごいです。私たちの現場が生きてくるのは，生徒と家族の生きた体験が，垣間見えたときです。実践場面に率直に向かうとナラティヴが生まれることが以上の対話からわかります。

　ここで繰り広げられる豊かなやり取りを，拝見しながら考えたことを中心に述べてみるのがこの書物の趣旨に沿うことになると思いました。本章では，第Ⅰ部各章の考察をふまえつつ，第Ⅱ部各章の対話について感じたことをメモするかたちで，学校のナラティヴについて展開してみましょう。

2 学校での出来事を語る

（1）学校という環境

　その前に，筆者になじみのあるカウンセラーという立場から，学校という環境にナラティヴの視点が求められるゆえんを考えてみましょう。

　廣瀬が第3章で，詳細に述べているように，学校における新たな専門職としてスクールカウンセラーがすでに定着しました。しかし本来教育相談の仕事は，教師たちが行ってきたのです。今も，困難を抱える生徒や家族は，先生たちの粘り強く，けっして見放さない一貫した姿勢に支えられ，課題を乗り越えることが多いです。

　学校では，教師の教育実践として教育相談が行われてきた歴史があります（森岡，2012）。もちろん教師の仕事はそれだけではありません。教師たちがいかに超人的な仕事をされているかは，学校に入り，しばらく時間をともに過ごすとすぐにわかります。教師たちは生徒の生活面にかかわる諸課題，クラブ活動，地域の行事にいたるまで，ほとんど丸ごと抱えてきました。そして教師，親，地域コミュニティの中に，相談を要する子どもたちを支えるリソースが含まれていました。それはたんに，教師の超人的な力だけでなく，親や地域コミュニティの支えを借りて，子どもたちの抱える問題解決に教師は取り組んでこられたのでしょう。学校に心理職そして福祉職が必要になった背景には，おのずから蓄積されてきたリソースが通用しなくなるほどに，またそれまでに培ってきた生活力が活かされないほどに，子どもたちと親，教師の生活が多様化し，複雑になってきたことがあります。

　たとえば塾，習い事，各種学校，セカンドスクールの利用について，多くの家庭が経済的に苦しい中を工面している実態があります。正規の学校教育よりも，塾に所属感がある不登校生徒が少なからずいることもご存じの方が多いでしょう。学びと育ちの場が多様化する中で，学校組織を構成するすべての人々の立ち位置は変わってきます。学びと子育て環境の変化に応じた専門性が求め

られています。そして，学びと子育ての環境を，生活者の一人一人の視点に立ち把握することは，児童生徒の教育と支援において欠かせません。

(2) その人の人生に参加する

　さて，学校は独自の文脈をもっています。そしてその文脈によって学校組織を構成する教職員と生徒，保護者たちの言動の意味を規定します。とくに，学習達成上の評価にもとづく文脈は，有力です。しかも人々を規定するその力は，中にいると気づきにくいのです。そこから外れた行動をとったとき，たとえば，何らかの事情で学校に長期間行かないようなとき，学校の持つ独自な文脈に気づかされます。自分はもう学校に居場所はないなと思ってしまうのです。またカウンセラーを含む支援者も，学校という独自の文脈を作ることの一翼を担っています。現在，支援や対策という視点が学校にも縦横に組み込まれつつありますが，ここで，支援する側とされる側，対策をする側とされる側に二分する視点が，すぐに忍び込みます。

　学校の内外で，そのような評価や支援の対象という文脈で子どもをとらえる視点をいったんはずすこと。ナラティヴアプローチはそのような態度を作り出すものです。子どもたちの生活の現実から体験の意味を共有しようとします。そこに一人一人を見ていく視点が生まれます。第2章で伊丹が，学校生活で気になる子どもたちが増えてきている実感を述べています。そこに接する大人たちの基本的な姿勢として，「『困った子ども』としてとらえるのではなく，『困っている子ども』であると気づくことから始めましょう」と提案しています。前者と後者の違いはどういうことを指しているのでしょうか。支援者が困った子どもと見たとき，その瞬間に，その子どもの姿よりも，その困りの原因，障害をとらえようとする視線が動きます。困っている子なのだと見たときには，その子が「私」の世界に登場してきます。まったく違いますね。

　現場では教師も支援者もともに名前をもった生徒一人一人に会い，話を交わしています。ここから出発しましょう。教師にとって，生徒に教えるばかりではなく，逆に生徒から教わることも多いです。学校では支援者，専門家たちも

学びます。たとえば，今はやりのアニメや音楽，テレビドラマの面白さを教えてくれるのは生徒たちです。生徒から教わり，学ぶことが，結果的に相手の支援になっていることがあるのです。

　共通の基盤において語り合うという態度が，実践の場において意味を持つことがあります。技術だけではなく，「相手の人生に自分が参加している」という実感がよりどころです。

（3）体験を伝える言葉

　子どもが家に帰って，学校での一日のある出来事を語るのはどういうときでしょうか。何か特別なことがあったときでしょう。うまくいったことだけではないでしょう。いやなことがあったとき，それをどういう風に語るでしょうか。いや語ろうとしないことも少なくありません。あるいは，出来事の中身はどうでもよく，ただ話を聞いてほしかったということもあるでしょう。可能ならばいやな出来事も少しずつ言葉にしてほしいです。その語りによって，前向きに元気が出るようにしたいです。

　ナラティヴは一人一人が，個人の体験の意味を伝える言葉です。日々生じた出来事を受け入れ意味づける心の働きを基盤とする言葉の活動です。相手に自分の体験が伝わった感じがあると，話し手は手ごたえを感じます。対人援助を支える会話交流には，このような語り合いによる体験のやり取りがあり，うまくいくと語り手聞き手相互の主体感がよみがえります。カウンセリングで語り聞く中で，クライエントが「自分がはっきりする」とよくおっしゃいます。

　たんなる気分の解放ではありません。語り聞くことで，埋め込まれていた体験が掘り起こされます。それを通じて立ち上がってくる「私」があるのです。ナラティヴの実践的な効果は，不安定な自己を支え，回復させるところにあります。その効果をもたらすのは，語りを聞く側の態度のあり方によることが大きいです。

　どういう文脈で誰に向けて語るかによって，あるいは出来事をいつ，どのように語るかによって，出来事の意味は変化します。つまり聞き手が相手の語り

をどのように聞くか，相手の話のどこに関心を持つかによって，語られた体験の意味は変化します。

3 第Ⅱ部の対話より

(1) ちゃんと自分のことを考える時間

　第Ⅱ部で登場したいずれの教師，カウンセラーも，生徒と共通の基盤において語り合うという態度で一貫しています。その自覚を見て取れます。

　人がまず語り始めるとき，それまで秘めていたことを語り始めるのは，どういうときでしょうか。語りの前に，人は心の中でつぶやいています。心の中の言葉があります。

　第6章では，通級指導教室を担当されている芳倉先生が，高中さんと再会した場面では，小学校4年生の高中さんは，担任から「自分ばっかりが怒られる」と訴えたようです。

　芳倉先生は，生徒たちに今までの出来事をふりかえり，そのときの自分の中にある様々な感情と向き合う小グループを，定期的に設けてこられたようです。参加者はグループの活動を通じて，自分の中にある様々な感情と向き合うこと，そして相手の感情について考える学習の機会が与えられます。二人のふりかえりから，この学習が意味を持つことがよくわかります。自分で自分の成長をとらえることはけっこう難しいです。芳倉先生が「わかってくれる人は必ずいるからなあ」と，一貫して，卒業後も心から生徒を支えている姿が印象的です。

　高中さんは「周りに当たらんように」していたといいます。もし，周りに伝えることができたとしても小声でしょう。小さな声を聞き取る力が求められます。語る力は聴く力ということです。

　このように内心でつぶやかれる声もナラティヴです。それはめったに聞き取られることもなく，本人も忘れ，封じてしまう声でもあります。このように埋もれた声を私たちは，どのように掘り起こし，受け止めればよいのでしょうか。

(2) この先生なら話せる

　第7章のスクールカウンセラーの森下先生と河合さんの対話から手がかりを得ることができます。小学校3年生から長期の不登校を続けた河合さんは，大学生になった今，その当時のことをふりかえります。「私は，人に話をすることが嫌いでした。」という河合さんは，入学した高校にもなじめず，担任にカウンセラーの森下先生を紹介されます。

　「またカウンセラーを紹介して，私にいろいろ話をさせるのか。」と内心うんざりしていた河合さんでしょうが，森下先生は，それまでのカウンセラーとは違っていたようです。

　何が違っていたのでしょう。河合さんはそれを「ある種の強引さ」と表現しています。カウンセラーの型にはまらないで，ただ聞くだけでなく，ヒントや助言を積極的に伝えたようです。河合さんは気がつけば，学校でのことや，亡くなった父のことまでも森下先生に話しました。けっして語らされたということではないようです。

　この出会いを通じて，「この先生になら話せる。話せばなにかが変わるかもしれない」と河合さんは感じた。大切な瞬間です。「なぜ私に向けて『誰にも語ったことがないこと……』を語りだしたのか」森下先生も河合さんに数年たった今聞きたかったことの一つはこのことです。森下先生は河合さんのお父さんが残した写真をいっしょに整理をしたことが，他のカウンセラーとは違っていたかもしれないと，ふりかえっています。

　「誰にも語ったことがないこと」を河合さんが語りだしたのは，森下先生が河合さんを「ほっておけへん」と思ったこと，そしてそれに対して，河合さんは「すごい話しやすかった」と感じたからでしょう。森下先生の聞き方は「私が嫌がるか嫌がらないか……踏み込んでほしくないラインの一歩手前ぐらいうまいこと攻めてくださった」「ある種の強引さ」が絡んでいると，河合さんは見抜いています。クライエントから学ぶことが大きいというのは，身を持って体験したことを直に語ってくれるからです。河合さんはそれまでの体験から，誰も理解してくれないと，人への門戸を閉ざしていた。そこに森下先生が登場し

たのです。おそらく，河合さんのそのとき抱えていた葛藤は深かったのでしょう。

　ここで必要なのは，その葛藤に見合うだけの強度を持って，自分にかかわってくれる人です。河合さんが言う「ある種の強引さ」とはそういう意味かと解します。これについて，森下先生は，「元々教師だった私は，教師的に率直に意見を言うことができた。文字通り血だらけで登校する彼女に対して，私が出来ることは養護教諭と一緒に傷の手当てをしながら，彼女の辛い気持ちを聞くことだけだった」とふりかえられます。心底からの率直さは，彼女の心に届いたのでしょう。自分が彼女を大切に思っているということを実際の行動で示したのです。

（3）オレの言葉を信じてくれる

　第6章での高中さんの「自分ばっかりが怒られる」という訴えは，そのまま，第5章の吉川先生と山田さんの対話の中で，「何でオレばっかり！」という中心課題となっています。

　先生に叱られたとき，こう言う生徒は多いです。必死にこう訴えた山田さんの話を卒業して8年後に語り合うことで，当時のそう言わざるを得なかった状況をふりかえっておられます。この対話はとても活き活きとしていて，お二人の人柄がじかに伝わってきます。

　この対話で印象的なのは，学校よりも少年院の方がずっとよかったと言い切る山田さんの言葉です。なぜなら，少年院では，「先生一人一人がオレら一人一人をとても大事にしてくれた」，ところが学校はそうではなかった，ということです。

　学校で教師は「必ずオレより先に弱い方に事情を聞くやろ」「その理由をオレは先に聞かれたことはない」，このように山田さんが言います。ところが少年院で山田さんが出会った教官は，聞き方が全然違うらしい。「みんな少年院に入っている理由は違うやろ。そのことに関して少年院の先生は詳しく聞いてくれる。ちゃんと理由を聞いてくれる」。そのうえで「『どこが間違っているか

わかるか』と聞いてくれる」。頭ごなしに否定しないで，まずは聞いてくれたというのです。ここに聞くことの深い実践的な意味が含まれます。

　少年院の運動会がすごく楽しかった。なぜかわからんけれど，「本気やった」と山田さんは言います。中学校の状態とは全然違うようです。吉川先生も「（少年院では）何でそこまで一生懸命できたんやろな？」と中学との違いを繰り返し問われています。

　少年院では学校とは違った社会的文脈があります。厳しい規則の中で，本気で課題に向かい，本気で自分に向かうという場が形成されたのでしょう。

　少年院の先生は，「オレの言葉を信じてくれる」のです。山田さんが勉強しようという気になれたのは，悪いとこを怒るのではなく，ええとこを褒める，「お前，絵だけはまじめにするんやの」などとは言わず，「上手やの」とだけ言う，そのような先生の言葉があったからです。

　山田さんは中学のとき，先生の言い方，含みのある言葉にずいぶん引っかかったようです。この違いはどこから来るのでしょうか。これもたんに教師それぞれの言葉の使い方に違いがあるととらえるよりも，社会的文脈の違いと，それを支える制度や組織の力と考えることもできるでしょう。「少年院の先生は目立たん子に対しても怒鳴るし，目立つ子に対しても，普通の子に対しても，怒鳴る」。山田さんが言う少年院の先生の態度の一貫性から学ぶことは多いのですが，これも，人が人と正面から対峙できる場面を，少年院が用意したとも言えます。

　それにしても山田さんは，中学のときの否定的な体験をずっとよく覚えています。「何でオレばっかり！」。この言葉を吉川先生が粘り強く聞き，そしてほぐしていかれる。この持続した態度があってこそ，山田さんは率直に自分の体験をふりかえり言葉にしたのです。少年院での体験の意味が，なおさら際立ってきます。

　「彼が成長したなあ〜と強く感じました」と吉川先生は対話の後で率直に書いておられます。先生が自分を認めてくれた。自分を一人の人間として認めてくれた。すると叱るという行為に対する負の感情はなく，注意されたことに素

直に従える自分が育つ。人が人を認める。教育でもっとも大切なことです。それが生徒に伝わらない。生徒がそれを受け取れなかったら，教師の言葉がいくら正しいとしても，山田さんという個人には意味を持たないのです。言葉が伝わる伝わらないということの原点を考えさせられます。

　そして，「今やけん言うけど，」今になってようやくかつてのこと，中学生のときの自分のことが話されます。「先生が言いたいことが伝わらんもん。伝えようともせんやろ」中学生のときの自分に成り代わっているかのように，山田さんは語ります。緑の靴を履いていて校則を破っていたことは認めながらも，運動会の練習にはちゃんと出席していたこと。「まず，そこを褒めてほしかったな」。その気持ちを吉川先生は受け取ります。それによって，山田さんの気持ちはいくらか和らいだようです。出来事をつなぎそのときの体験の意味を伝えるナラティヴの基本枠組みが，ここに表れています。ナラティヴは葛藤の感情を和らげる効果があります。

（4）「中学2年生の私」が動き出す

　学校で印象に残る生徒，卒業後も引き続き交流がある生徒がいるのは教師にとって大切な財産でしょう。生徒たちもその出会いを後の人生に活かしている姿が見えたときの手ごたえは，教師という仕事の持つ醍醐味の一つでしょう。第8章の，川畑先生が強く印象に残っている生徒の一人さやかさんとの出会いの場面は，危機的状況でした。その場面は，校舎3階の非常階段のところです。さやかさんが中学2年生の初め，自殺をしたいと「私に言った。そのとき，私はなぜそう思うのか聞いた」。川畑先生は，装飾は一切捨てた簡素な言葉で述べています。井上さんは「友達関係はおもしろくないし，なぜこの学校にいるのかと思うようになった」と答えます。ここで川畑先生は，自身の中学2年生のときの体験をすぐ想起したと言います。「共感を覚えた」と，川畑先生はまた簡潔に述べています。

　ここで，中学2年生の川畑先生が動き出したととらえてもよいでしょう。一つの世代と次の世代と，世代は移行していきますが，学校には中学2年生がい

つもいるのです。これはあまりにも当たり前すぎることですが，驚きでもあります。暦年齢では，教師は歳をとっていきます。一方で，中学2年生の生徒その人の声を受け取ったとき，暦年齢とは関係なく，その声を聴いた教師自身の"中学2年生の私"が動き出すのです。

　そのときのことは，川畑先生はずっと後になって，意味がわかってきたと書いています。卒業後18年たって，さやかさんが，川畑先生に語ってくれたことを通じてわかってきた。まさに彼女のライフストーリーが形になったのです。それは川畑先生の側にストーリーができたということではなく，さやかさんとの間に生まれたのです。さやかさんは「自分でも消化しきれていなかったたくさんのことが，言葉として自分の中から出すことによって，改めて"あの時はこんな気持ちだったのか""だからこんな風に思っていたのか"などと，分析し整理することが出来ました」と対話の後で書いています。

　「こんなに長い間気にかけて頂いて"生きていて良かったなぁ"としみじみ思います」。教師にとって贈り物のような言葉でしょう。相手への一貫した関心を持ち続けること，これが教育と対人援助の基盤です。生易しいことではありませんが。今は落ち着いた生活をしているさやかさんの姿を見て，今の生活の喜びを自分もいっしょに感じさせてもらえたと川畑先生は対話の後で書いています。「今」の中にかつての苦労，井上さんの人生の軌跡を包み込むような関心の維持こそ，学びたいものです。

4　学校のナラティヴ

（1）大きな物語と小さな物語

　以上の対話を通して，ナラティヴアプローチが学校生活に寄与することをまとめてみましょう。語ることで，体験を新たに形作ることが可能になり，その人を支えることにつながります。ナラティヴアプローチはこの働きを基盤とします。このような視点を活かすことで，学校がどのように見えるでしょうか。学校での困りごとは，一回限りのことではなく，くりかえされることが多いで

す。生徒，保護者，そして教師も巻き込まれます。そして「いまだ受け入れられない過去にこだわり，なかなか一歩を踏み出せない子どももいます」（第1章）。

　ナラティヴの視点を通して，学校で抱えがちな課題について，新たな理解が導かれることが期待されます。まずナラティヴは学校という場面において，二つの次元を分けるとわかりやすいでしょう。一つは，マクロなレベルでとらえられる大きな物語です。もう一つはミクロなレベル，個々の対人場面のやり取りの中で働くナラティヴです。これを小さな物語としましょう。

（2）学校のドミナント・ストーリー

　ナラティヴは，まず一人一人を見ていく視点です。他方で学校は，多数の人々によって組織的に運営される社会的な場であり，法制度によって維持されてきた歴史を持ちます。しかし，本書で光田（第4章）が述べるように，時代が学校に課してきた「大きな物語」にいろいろな声が収束されていく事態は終焉を迎えつつあります。そして個人を支え共有される価値意識が希薄になりつつあります。これと並行するように，教師も生徒もいきおい集団組織と自分との関係に敏感になり，周囲に受け入れられているかどうかが，関心の的になりがちです。

　学校で言葉が交わされる関係性は，きわめて多面的です。学校は様々なレベルでの物語が生まれる土壌があります。ところが，聞き手との共同性のあり方は，力関係で決定される面があります。学校では，教師と生徒の間の上下関係が明確です。しかも評価の側面が有力です。この関係性が，教師と生徒それぞれの言動を規定していきます。そこでは，他者の承認を得やすいストーリーが構成されやすい。特定の社会・文脈の中で，その集団組織に受け入れられやすい物語が定型化してくるのです。学校には，下部集団として各学級，生徒同士が形作るグループ，サークル，部活などの小集団があり，それぞれが交差し合う複雑な構造を成しています。それぞれの集団はその維持に益するストーリーを作ります。たとえば部活の目標が高く志気に満ちている中では，部活の目標

達成のため，団結のためのきわめて有力なストーリーを作りがちです。そのストーリーに乗らない要因は，見ようとしない，暗黙裡に排除してしまう構造ができやすいのです。これがいじめの一つの背景要因になります（森岡，2007）。

　うっかりすると集団では単一の声が全体を支配しがちで，そこで「語りえないもの」は隠され封じ込められてしまうことがあります。ここにナラティヴアプローチは関心を持ちます。そのような力関係で上位にあるものの声が作り出すストーリーを，ドミナント・ストーリーと呼びます。学校では，学業成績や部活での評価にかかわるドミナントなものが生じやすいです。このストーリーは家族や地域をも巻き込みます。さらに，そこに身を置くスクールカウンセラーなどの支援者たちも，ドミナント・ストーリーから自由ではなく，その中に埋め込まれていることを忘れてはならないでしょう。

　ときにはこれを揺さぶる必要があります。学校で事が一つ生じるとその波紋はまた多方面に広がり，予期せぬ動きを生み出します。学校を支える大きな物語が終焉を迎えた今では，学校内の各集団での権威的な声が作るドミナントなストーリーに頼りがちになります。これは特定の権威を持った個人の声というよりも，集団がそれを求め，権威の声を共同で作り出すことを指します。ドミナントな文脈で，生徒たちの言動が評価され意味づけられていきます。ときに，その評価が固定的になってしまい，個人を追い込むことがあります。

　その声を緩めるには，学校では様々なレベルでの物語が生まれていることを，自覚的にとらえる必要があります。ミクロな物語の発生に戻って，学校の各場面に生じる物語をよくとらえておくことが，ドミナントなものを揺さぶる手掛かりになります。

（3）物語が作る活き活き感

　学校で，子どもたちはいろいろな顔を見せます。日々いろいろな声がこだまします。これほど面白いところはないです。教室の各教科で見せる生徒の表情は，時間割ごとに違っています。教室の休み時間と放課後に交わされる，生徒同士の会話や，部活などで小声で語られる小さな物語にときには注目してみた

いものです。今では，種々のソーシャル・メディアを通じて，これらの声が瞬時に多方面に行きわたっていきます。

　そのような人と人の間で瞬時に交わされる小さな物語を聞き取ることによって，教師，生徒，保護者を拘束するドミナントなストーリーを，少し揺さぶることができるのです。

　語ることでよみがえる活き活きとした感じがあり，これがミクロなナラティヴの特徴です。会話の中で，これを感受していることが必要です。そのときの臨場感が会話を通して伝わります。学校での体験の様々な記憶は，学校の中の様々な場所と結びついた独自のトーンがあります。クラブの部屋の薄汚れたロッカーのイメージや，部屋の匂いなどが記憶内容より先に，よみがえってきます。活き活き感は記憶の生気的形式（vitality forms）に伴うものです。会話の中でそのようなかたちが記憶内容より先に呼び覚まされ，動き出すのです。するとかつてのことが，今ここで生じているような臨場感が生まれます。第Ⅱ部の対話の中でもそれぞれ，過去の時間が，語り合いによって現在に活き活きとよみがえっていることがわかります。

（4）意味づけを支える「私」の回復

　学校はきわめて日常的な現実，人生で多くの人がこの現実に身を置くところです。「私」と無関係なところで，学校をとらえるのではなく，「私」そして「あなた」を入れた世界として学校をとらえます。すると，生徒一人一人の学校の世界が浮かび上がってきます。ナラティヴは個人の意味世界に接近する一つの視点を提供します。「自分の過去の体験は，今の自分から語られるので，その『今の自分』がどうあるかが，彼らが語る物語の意味を変えていきます。つまり，今の自分に満足しているかどうか，今の状況を受け入れているかどうかなどが，かつての出来事の意味づけに影響しているのです」山本はこのように述べています（第1章）。また第5章の対話では，「今やけん言うけど」と山田さんが吉川先生に語り始めました。中学生のときに山田さんがどういう現実を持っていたか，直接に伝わってきます。「成長したなあ～」と吉川先生もそ

のときに感じとるのです。

　ここで意味づけるという働きが，語り手自身を支えるものになっていることに注意しましょう。活き活きした記憶をよみがえらせ，語りを通して聞き手と共有することで，語り手は，自己を回復させます。カウンセリングの面接が終わった後，クライエントはよく自分がはっきりするとおっしゃいます。自分の身に生じた出来事をつないで，ひとまとまりの体験として伝えることができるのは，聞き手の支えがあるからです。相手の世界への関心の持ち方によって，語りの内容はちがってきます。

　ナラティヴという視点が，困りごとを少しでも軽減できる土壌を学校において作ることができます。本書の第Ⅱ部における対話から，過去の思い出をふりかえること，それ自体がナラティヴを生み出すのがわかります。そして会話場面で思い起こされたことが「語り直される」ことに，ナラティヴの働きの重要な点が潜んでいます。

（5）大きな物語と小さな物語が交差し合うところ

　学校は子どもたちの自己形成の時期にかかわり，教師を中心として大人たちは，子どもたち一人一人の生をあずかるものです。その過程にあって，自分を見失い，自分がないがしろにされるという事態が少なからず生じるのも現実です。

　ナラティヴという視点が，学校教育の場で意味が出てくるのは，学校と「私」との関係で，抜き差しならぬことが出てくるときでしょう。もっとも差し迫るのは学校での「私」の評価成績です。学校は，評価される場所です。生徒だけではありません。教師もつねに，生徒，保護者，同僚，管理職から有形無形の評価にさらされています。誰もが逃れられない。当然のこと優劣関係が生じやすいです。その文脈の中で，受け身にさらされず自分を保つスタンスを作るのは困難なことです。

　まず厳然とした事実の世界があります。学校は評価の視線が飛び交う場です。評価は変えようのない事実をこの世界に刻み込みます。一方，人は事実の世界

だけでなく，物語の世界にも生きています。変えようのない事実も，それを自分にとって，どのような意味としてとらえるかによって，その事実の受け取り方は変わります。

学校での大きな物語が秩序を形成していた時代では，私たちはそれをドミナントだとは感じることもなく，従っていたかもしれません。その文脈から隅に追いやられたときはじめて，私たちは学校の中で暗黙の裡に潜むドミナントなものの存在に気がつきます。それに対して私たちは，声にならないつぶやきによってしか，あるいは問題とされる行動そのものによってしか反応できないのです。このような届きもしない声なき声が，これまでにも今も，たえず発せられてきたはずです。自分がドミナントな文脈に埋め込まれているときは，そういう小さい声に気づきにくいかもしれません。

小さなつぶやきをあえて言葉にしてみる。そこから紡ぎだされるナラティヴにインパクトがあります。「何でオレばっかり！」山田さんがこのように言えたのは，懸命の気持ちからでしょう。「誰にもいったことはないけど……」河合さんがつぶやいていた声は，カウンセラーによって受け取られる。そこでかたちになったのでしょう。大きな物語と小さな物語がここで交差し合うのです。

5　伝えつなぐ力

ナラティヴという視点そのものの限界も考えておく必要があります。体験の意味を伝え他者と共有することによって，身に起きた出来事の新たな意味がわかってくる。このようなナラティヴの実践的な働きは，あくまで個人の側の調整となります。意味の再解釈，再構成による現実世界のとらえ直しで，人は生きやすさを回復します。一方，ナラティヴアプローチはそれだけでよいのかという問いが当然出てくるでしょう。支配的で優勢な大きな物語を変えることこそ問題の解決ではないか。ナラティヴの立場からこの問いに答えるには，また新たな稿を起こさねばならないでしょう。

学校現場は矛盾する事態が多く存在し，そのはざまにあって，学校に身を置

く私たちの視点は揺らぎます。学校において私たちが，それと気づかずに動かされるドミナントな文脈を否定するのではありません。小さな声で語り聴き，揺らぎながら大きな物語と粘り強く交差領域を作っていくのが，学校支援にかかわる人の現場感覚でしょう。

さらに，そのように聞き届けられなかった小さな声を次の世代に，伝えつないでいく力をナラティヴは持っています。声は世代を超えて伝えられ，次の世代が新たな意味を作り出すことができます。第Ⅱ部のそれぞれの対話を拝見して，出来事の意味は後からわかることが多いということに気づきます。体験の意味は，一人よりも，誰か安心できる人に話しながら確かめる方が心におさめやすいのです。そして，個人の体験の意味は時間を隔て，後の世代がそれを確かめ見出すということも多いのです。

出来事と出来事をつなぎ体験の意味を伝えるのがナラティヴです。出来事をつなぐことは個人の意識的努力だけでなされるのではありません。おそらくそれでは固い，頭で作ったようなストーリーになってしまうでしょう。本書の随所に描かれたエピソードからわかるように，開かれた関係の中で生まれてくる物語が人を動かし，自己を回復させる力を持つのです。出来事をつなぐのに，個人を超えたはたらきに依拠することがあります。これが大きな物語を少し動かすことの手がかりになるかもしれません。今ははっきりしなくとも，後の世代が語り継いでくれることを期待しましょう。

〈文　献〉

森岡正芳　2007　いじめ──その基本的な考え方　臨床心理学，**7**(4)，441-446.

森岡正芳（編著）　2012　カウンセリングと教育相談──具体事例を通して理解する　あいり出版

森岡正芳（編著）　2015　臨床ナラティヴアプローチ　ミネルヴァ書房

おわりに

　本書では理論的な立場から，そして，実践の場から「学校」に対する様々な声を聴いてきました。学校を生きる人々にとって「学校」とはどういうものなのでしょうか。ある人にとっては自分を生きることを学ぶ場所であり，またある人にとっては生きようとすることを阻む場所のように感じるかもしれません。
　この本をまとめている冬（2017年2月）に私は不思議なご縁から北海道にある北星学園余市高等学校を訪れる機会がありました。深い雪に包まれたその学校で，「私たちを信じてほしい」と子どもに向き合う先生方の声があり，一方で「先生を，大人を信じたい」という子どもの声を聴かせてもらいました。やはり，ここでも，子どもたちとの対話の中で，彼らの思いがそれぞれのかたちで立ちあらわれ，そのありようを受け取るために，教師として自分たちに何ができるかといった問いが語られました。人との関係に傷つき，それでも人とのつながりを希求する子どもたちの声は，本書で語られた子どもたちの声と重なります。こうした子どもたちの声に私たち大人はどう向き合えばよいのでしょうか。そこに，これという決まった答えはありません。向かい合う教師と子どもの「対話」の積み重ねが，個性的かつ個別的な「答え」に少しずつ近づいていくのだろうと思います。
　本書をまとめるにあたって，いくつかの悩みに直面し，すべての原稿がそろってから出版までに2年以上掛かってしまいました。まず悩んだのは，第Ⅱ部の対話を書き起こしたものの，文章化されたものは一回限りのその場の関係性や感情，「間」などのニュアンスをそのままに伝えることに限界があるということでした。次に，あるテーマをもとに語り合われた対話の中で，参加した第三者である編集者（録音係）と編者（司会者）をどう位置付けたらよいのかと悩みました。私たちも彼らの語りに引き込まれ，そこで生じる物語に影響を与え，物語を構成する一人になっていたからです。しかし，これがともに生きる運命

を背負わされた人々の中で生じるナラティヴの本質だとすれば，ある人の物語は，その人のものでありながら，それを聴く私たちのものでもあるということなのかもしれません。最後に，ここで語ってくれた子どもが背負っていた課題は重く，かつ読者の方からみれば，教師や大人のかかわりは特殊で濃密なものに映るかもしれないということです。しかし，その当時の教師や大人のかかわりが苦しさの中で生きる子どもの支えになったことは確かなのです。これらの事例から何かを受けとり，今後の子どもとのかかわりに生かしていただけたら嬉しく思います。

　ここであらためて，第Ⅰ部を含めてそれぞれの大切な物語を聴かせてくださった著者の皆様に深く感謝いたします。ならびに，編者の力不足から出版が大幅に遅れましたことを著者の皆様には心よりお詫び申し上げます。また，ミネルヴァ書房の吉岡昌俊さんには企画の段階から対話の参加，文字起こし，度重なる相談にと根気よくお付き合いいただき心より感謝しています。

　　2019年2月

編者　山本智子

《執筆者紹介》

山本智子（やまもと　ともこ）編者，はじめに，第1章，第Ⅱ部のはじめに，第5章〜第8章の章冒頭の導入文，おわりに
　　近畿大学教職教育部　准教授

伊丹昌一（いたみ　しょういち）第2章
　　梅花女子大学心理こども学部　教授

廣瀬幸市（ひろせ　こういち）第3章
　　愛知教育大学大学院教育学研究科　教授

光田尚美（みつだ　なおみ）第4章
　　近畿大学教職教育部　准教授

吉川武憲（よしかわ　たけのり）第5章
　　近畿大学教職教育部　准教授

山田哲徳（やまだ　あきのり）第5章
　　元生徒

芳倉優富子（よしくら　ゆふこ）第6章
　　奈良県香芝市立下田小学校教諭

高中伸介（たかなか　しんすけ）第6章
　　元生徒

森下　文（もりした　あや）第7章
　　奈良女子大学生活環境学部　非常勤講師

河合美穂（かわい　みほ）第7章
　　元生徒

川畑惠子（かわはた　けいこ）第8章
　　奈良県内元中学校教諭

さやか　第8章
　　元生徒

森岡正芳（もりおか　まさよし）終章
　　立命館大学総合心理学部　教授

《編著者紹介》

山本智子（やまもと　ともこ）
奈良女子大学大学院博士後期課程修了　博士（社会科学）（奈良女子大学）
臨床発達心理士
現　在　近畿大学教職教育部　准教授
主　著　『発達障害がある人のナラティヴを聴く』ミネルヴァ書房，2016年
　　　　『臨床ナラティヴアプローチ』（共著）ミネルヴァ書房，2015年
　　　　『ロールプレイで学ぶ教育相談ワークブック』（共著）ミネルヴァ書房，2014年
　　　　『カウンセリングと教育相談』（共著）あいり出版，2012年

「学校」を生きる人々のナラティヴ
──子どもと教師・スクールカウンセラー・保護者の心のずれ──

2019年7月10日　初版第1刷発行　〈検印省略〉

定価はカバーに
表示しています

編著者	山　本　智　子
発行者	杉　田　啓　三
印刷者	田　中　雅　博

発行所　株式会社　ミネルヴァ書房
607-8494　京都市山科区日ノ岡堤谷町1
電話代表　(075) 581-5191
振替口座　01020-0-8076

ⓒ山本智子ほか，2019　　創栄図書印刷・清水製本

ISBN978-4-623-08335-0
Printed in Japan

発達障害がある人のナラティヴを聴く　　　A5判／216頁
　　──「あなた」の物語から学ぶ私たちのあり方　本体　2500円
山本智子／著

ロールプレイで学ぶ教育相談ワークブック　　B5判／162頁
　　──子どもの育ちを支える　　　　　　　本体　2000円
向後礼子・山本智子／著

臨床ナラティヴアプローチ　　　　　　　　　A5判／300頁
　　　　　　　　　　　　　　　　　　　　　本体　3000円
森岡正芳／編著

発達支援の場としての学校　　　　　　　　　A5判／274頁
　　──子どもの不思議に向き合う特別支援教育　本体　2800円
東村知子・麻生　武／編著

関係性の発達臨床　　　　　　　　　　　　　A5判／242頁
　　──子どもの〈問い〉の育ち　　　　　　本体　2500円
山上雅子・古田直樹・松尾友久／編著

あの学校が生まれ変わった驚きの授業　　　　四六判／192頁
　　──T中学校652日物語　　　　　　　　本体　1800円
木原雅子／著

どうすれば子どもたちのいのちは守れるのか　A5判／216頁
　　──事件・災害の教訓に学ぶ学校安全と安全教育　本体　2200円
松井典夫／著

意味の復権〔新装版〕　　　　　　　　　　　四六判／272頁
　　──フォークサイコロジーに向けて　　　本体　3500円
J. ブルーナー／著　岡本夏木・仲渡一美・吉村啓子／訳

ディスコースの心理学　　　　　　　　　　　A5判／252頁
　　──質的研究の新たな可能性のために　　本体　2500円
鈴木聡志・大橋靖史・能智正博／編著

──────── ミネルヴァ書房 ────────

http://www.minervashobo.co.jp/